北京大学出版社
PEKING UNIVERSITY PRESS

《今日世界面面观 汉语焦点新闻选读》原著

포커스
FOCUS
중국어
독 해

1

시사중국어사

포커스 중국어 독해 ❶

초판인쇄	2019년 8월 1일
초판발행	2019년 8월 20일

편저	王穎, 王志軍, 徐丽莎
편역	김영민, 전기정, 박원기
책임 편집	가석빈, 박소영, 하다능, 高霞, 최미진
펴낸이	엄태상
디자인	박경미, 진지화
조판	이서영
콘텐츠 제작	김선웅, 최재웅
마케팅	이승욱, 오원택, 전한나, 왕성석
온라인 마케팅	김마선, 김제이, 유근혜
경영기획	마정인, 조성근, 박현숙, 김예원, 김다미, 전태준, 오희연
물류	유종선, 정종진, 최진희, 윤덕현, 신승진

펴낸곳	시사중국어사(시사북스)
주소	서울시 종로구 자하문로 300 시사빌딩
주문 및 교재 문의	1588-1582
팩스	(02)3671-0500
홈페이지	http://www.sisabooks.com
이메일	book_chinese@sisadream.com
등록일자	1988년 2월 13일
등록번호	제1-657호

ISBN 979-11-5720-154-9 (14720)
      979-11-5720-153-2 (set)

　　최근에는 제2외국어로 중국어를 선택하는 학교가 많아지면서 중·고교 때부터 중국어를 접할 기회가 많아지고, 인터넷을 통해 여러 가지 다양한 중국어 콘텐츠를 언제 어디서나 쉽게 접근할 수 있게 되면서 과거보다 중급 수준 이상의 중국어 구사 능력을 갖춘 사람들이 훨씬 더 많아졌다. 이들은 이미 어휘나 문법, 표현 등 각종 방면에서 중국어로 자기 생각을 충분히 표현할 수 있고, 중국인과 의사소통을 하는 데 큰 장애가 없는 수준에 이르렀기 때문에 다음 단계로 '보다 세련되고 보나 유창하며 보다 정확한 중국어'를 구사하고 싶어 한다. 중급 이상의 학습자들은 좀 더 유창한 중국어를 구사하기 위해 고급 회화 교재를 선택하지만 회화 교재만으로는 어휘력이나 표현력을 향상시키는 데 한계가 있고 혼자서는 회화 연습을 할 수 없기 때문에 교재만으로도 충분히 독학할 수 있는 독해 교재를 선택하게 된다. 특히, 독해 교재의 경우 이미 학습자들이 초·중급 단계를 거치면서 어휘나 표현에 대해서는 어느 정도 활용 능력을 갖춘 상태이므로 단순히 언어 능력에만 치중하기보다는 시사성을 갖춘 다차원적인 내용과 체계를 갖출 필요가 있다. 그런데 시사 독해 교재의 경우, 다른 교재들과는 다른 문제점을 안고 있는데, 그것은 바로 주제의 시의성이다. 시사라고 하는 말 자체가 지금 당장 유행하고 있는 각종의 주제를 바탕으로 하고 있기 때문에 사실 몇 년이 지나게 되면 오히려 독자들의 눈살을 찌푸리게 할 정도로 시의성이 떨어지는 어색한 교재가 되고 만다. 그러므로 시사 독해 교재가 갖고 있는 이러한 한계를 극복하면서도 독자들에게 새로움을 줄 수 있고 아울러 어휘, 표현, 문법 등 전 방위적으로 필요한 정보를 제공할 수 있는 그러한 독해 교재가 필요하다.

　　그러나 중급 수준 이상의 중국어를 구사할 수 있는 학습자의 수는 폭증했음에도 불구하고 실제 우리나라에서 출판된 고급 수준의 중국어 독해 교재는 초·중급에 비해 현저히 적다는 것이 부인할 수 없는 현실이다. 출판사의 입장에서는 고급 단계의 교재가 판매 부수 면에서 초·중급 교재보다 현저히 적고 시의성으로 인해 금방 유행에 뒤처진 책이 되기 때문에 시장성이 없다는 판단에서 출판을 꺼리고, 책을 저술하는 저자의 입장에서는 초·중급에 비해 더 많은 시간과 노력이 필요하고, 저술상의 난이도도 훨씬 더 높기 때문에 굳이 힘들여 고급 단계의 독해 교재를 집필할 이유가 없다. 하지만 이제는 더 이상 시장성을 이유로 혹은 시의성을 이유로 고급 독해 교재의 출판을 미룰 수 없다. 독자들의 눈높이와 요구를 만족시킬 수 있는 다양한 주제와 콘텐츠를 가진 고급 단계의 중국어 교재가 절실하기 때문이다.

《포커스 중국어 독해》 시리즈는 바로 이러한 시점에서 기존의 독해 교재가 가진 한계점을 극복하고 진정한 고급 독해의 기능을 할 수 있도록 제작된 독해 시리즈이다. 먼저, 본서는 중급에서 고급까지의 학습자들을 대상으로 하고 있다. I권은 중급의 上 정도 수준에서 고급의 下 정도 수준의 학습자를 대상으로 하고, II권은 고급의 中·上 정도 수준의 학습자를 대상으로 하고 있다. 본 독해 시리즈는 아래와 같은 특징을 가지고 있다.

첫째, 각 장의 주제는 기본적으로 시사성이 강한 것들로 구성되어 있다. 주로 신문이나 잡지, 인터넷 등에서 회자되는 주제를 중심으로 구성하였고, 현대 중국인 및 세계 여러 나라 사람들이 함께 공감할 수 있는 비교적 따끈따끈한 주제를 선정하였다. 그러나 앞에서도 언급했듯이 지나치게 유행을 다서 오히려 언어 습득에 방해가 될 수 있는 주제들은 배제하고 지속적으로 보편성을 가질 수 있는 주제를 중심으로 구성하였다. 예를 들어, 최근 중국의 80년대 생이나 90년대 생들의 연애관이라든가, 스마트폰 과잉 사용 문제, 대도시의 환경오염 문제, 총기 사용 문제 등은 실제로 최근 한창 떠오르는 주요 이슈이기도 하지만, 우리가 살아가는 사회의 근원적이면서도 심각한 문제이기 때문에 앞으로 오랜 기간 동안 지속적으로 이슈가 될 수 있는 문제들이다. 이렇게 본 시리즈에서는 현재 중국과 전 세계의 주요 이슈이면서도 꾸준히 토론해 볼 수 있는 주제를 선정하여 지속적으로 사용할 수 있고 활용 가능성이 높은 어휘와 표현을 제시하고 있다.

둘째, 본서는 시사성 독해를 제공하면서도 각 과의 구성은 매우 체계적인 언어 학습 과정을 따르고 있다. 특히 '표현해설' 부분에서는 형태소에서부터 성어, 숙어 및 문형에 이르기까지 고급 중국어를 익히고 연습하는 데 필요한 주요 학습 콘텐츠를 단계적으로 제공하고 있다. 이러한 단계적 제시는 여타 시사 독해 교재에서는 거의 찾아보기 힘들 정도로 매우 전문적이면서도 체계적이다. 형태소 부분에서는 단어를 보다 체계적으로 익힐 수 있는 단어 구성 원리를 제시하여 좀 더 수월하게 단어를 학습할 수 있게 하였고, 각종 성어가 포함된 다양한 예문을 제시함으로써 고급 독해의 하이라이트라고 할 수 있는 성어를 시사적인 주제와 더불어 자연스럽게 익히고 활용할 수 있게 하였다. 한편, '어구와 문형'에서는 고급 수준의 각종 허사뿐 아니라 응용성이 높은 구문을 세시어서 학습자가 이를 활용해 표현하고 싶은 구문을 자유롭게 구사할 수 있게 하였다. 이렇게 단계별로 고급 어휘와 표현, 구문을 습득하게 하여 시사성을 띤 주제와 관련된 표현을 자연스럽게 습득하고 활용할 수 있도록 하였다.

셋째, 본 책과 더불어 제공하고 있는 워크북을 통해 학습자들은 각 과에서 다루었던 내용을 다시 한 번 더 점검할 수 있다. 즉, 단어의 의미 쓰기, 용법이 다른 유의어 구분, 성어 해석, 문장 완성, 문장성분 분석 등과 관련된 연습문제를 풀어봄으로써 각 과의 어휘와 문법 사항을 재확인하고, 각 과의 주요 문장을 한국어로 번역하고 각 과에서 학습한 문형 표현을 사용하여 세시된 주제에 맞게 작문하는 연습문제를 통해 독해와 작문 실력을 향상시킬 수 있다.

고급 시사 독해 교재는 자료가 사실적이어야 하고, 시사성이 강해야 하며, 실용성을 갖추고 있어 현실 생활과 밀접해야 할 뿐 아니라 실제 사용하기에도 편리해야 한다. 본 서는 기존의 시사 독해 교재가 갖고 있던 근본적인 한계를 극복함으로써 독자들이 믿고 의지할 수 있는 새로운 차원의 고급 중국어 독해 교재가 될 것으로 기대한다.

역자 일동은 본 시리즈가 학습자 여러분의 진일보한 중국어 실력 향상에 조금이나마 보탬이 될 수 있기를 희망하면서, 우수한 교재를 번역 출판할 수 있게 해주신 시사중국어사 관계자 여러분께 깊은 감사의 말씀을 전한다.

2019년 8월
역자 일동

본책

主课文 [Main Text]

화제성과 시사성을 갖춘 글로벌 주제를 다뤘으며, 다양한 관점에서의 학습과 사고력 확장을 돕는 글로 엄선하였습니다.

讨论题 [이야기해 봅시다]

본문을 읽고 주제에 대한 각자의 의견과 경험을 다른 사람과 함께 나눌 수 있도록 토론 거리를 제시하였습니다.

生词 [단어]

메인 텍스트의 내용을 더욱 정확히 이해할 수 있도록 주요 어휘의 뜻을 제시하고, 고유 명사를 분리하여 제시하였습니다.

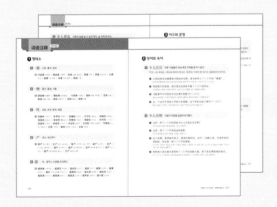

词语注释 [표현 해설]

가장 작은 단위의 **형태소**부터 **성어와 숙어**, 그리고 **어구와 문형**으로 확장하여 주요 표현들을 다양한 예문과 함께 다루었습니다.

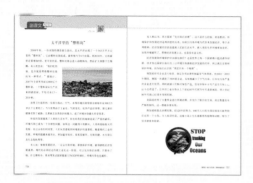

副课文 Plus Text

주제와 관련된 읽기 지문을 제공하여 지식과 상식의 범위를 넓힐 수 있도록 하였습니다.

主课文 이야기해 봅시다
& 生词 단어

플러스 텍스트를 정확하고 깊이 있게 이해할 수 있도록 토론 거리와 단어를 제시하였습니다.

 메인텍스트와 단어, 플러스텍스트와 단어는 각 해당 페이지에 있는 QR코드를 통해 원어민 음성으로 들을 수 있습니다.

 본서의 관련 자료를 제공하는 웹사이트 (https://commons.mtholyoke.edu/video) 에서 본문의 내용과 관련된 유튜브 영상을 검색하여 시청할 수 있습니다.

워크북

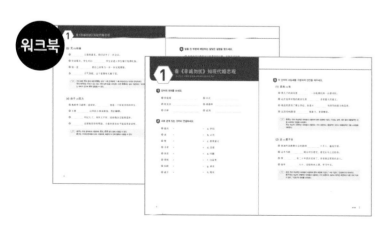

어휘 활용, 문장분석, 번역과 작문으로 구성한 문제 형식의 워크북을 수록하여 본문의 표현 해설에서 다룬 내용을 바탕으로 한 주요 표현들을 명확히 이해하고 활용할 수 있도록 하였습니다.

Plus Text

1

看《非诚勿扰》知现代婚恋观

<두근두근 스위치>를 통해 현대 연애결혼관을 알다

🎧 1–1

看《非诚勿扰》知现代婚恋观

　　《非诚勿扰》是江苏卫视的婚恋交友节目，年轻人在这个电视节目上找到自己的另一半。每一期节目有二十四位单身女性与每位上场的男嘉宾交流互动。她们根据对上场男嘉宾的印象，以亮灯或者灭灯的方式来决定男嘉宾的去留。如果某个女嘉宾为男嘉宾留灯到最后，并且男嘉宾喜欢她，那么就算牵手成功，两个人一起离开舞台。

　　《非诚勿扰》播出以来，在收视率和观众关注度方面，已经成为当今中国最红的相亲节目。那么，《非诚勿扰》展示了什么样的婚恋观呢？

　　首先，选择恋爱对象时，多数男女嘉宾"以貌取人"。男嘉宾在短短的一两分钟内，没有任何交流和了解就选心动女生，那么选的只是漂亮的脸蛋而已。还有，女嘉宾留灯或者灭灯，也都是凭男嘉宾外表穿着来判断的。女嘉宾留灯的多是"高富帅"❶，男嘉宾选的都是"白富美"❷。这不仅仅是这些登上《非诚勿扰》

---

❶ 高富帅　인터넷 용어. 키가 크고 잘생겼으며 돈이 많은 남자라는 의미로 외모와 재력이 완벽한 남자를 가리킨다.
❷ 白富美　'高富帅'와 비슷한 시기에 탄생한 인터넷 용어로 피부가 하얗고 몸매도 좋고 얼굴도 예쁘며 재력도 있는 여성을 말한다.

节目的男女嘉宾的问题，它反映的是在浮躁喧哗的今天，"以貌取人"已成为现代很多青年男女的普遍倾向。

其次，在婚恋交友中过分追求物质，谈恋爱等于谈条件。节目中的红人马诺的雷人语录❸最集中地体现了这种婚恋观。她说："宁愿坐在宝马车里哭，也不坐在自行车上笑。"这反映了现代青年婚恋观中很现实的一面，即金钱等物质因素成为恋爱婚姻的基本条件，有房有车才能谈婚论嫁。在女青年看来，"干得好，不如嫁得好"，理想对象是"高富帅"；在男青年看来，"拼自己不如拼爹"，中意的女孩子是"白富美"。有一项相关调查显示：有近半数的80后和90后❹女性表明愿意嫁"富二代"❺，这样自己就可以少奋斗很多年。很多男性青年也很在乎女方的收入和家庭经济背景。这种现象不由得令人担忧。

最后，"快餐式"婚恋受捧。节目短短几十分钟就促成几对男女牵手，但是牵手后又很少有人走入婚姻。其实这样的"闪牵"并不奇怪。近些年，"闪婚"、"闪离"、"试婚"、"试离"这种快餐式的婚姻方式正是现代人婚恋观的体现。几秒钟可以爱上一个人；几分钟可以谈一场恋爱；几小时就可以确定婚姻伴侣，两个人仅仅因为"看对眼了"就草草地闪婚……如此盲目而快速地寻求伴侣的方式，使得婚恋过程就像吃快餐一样。

因为《非诚勿扰》节目在中国具有相当多的观众，它展示的婚恋观必将影响很多年轻人的恋爱择偶标准、婚姻家庭观念和伦理道德观。所以，主持人、特邀嘉宾的正确引导显得极为关键。同时，参与嘉宾的正确婚恋观也会给观众一些好的启示。例如，在某期节目中哈佛的高才生安田向到场女嘉宾提出了一个关于价

---

❸ **雷人语录** '雷到'라는 말에서 나온 인터넷 용어. 이 말은 원래 저장성 일대에서 자주 사용하는 말로 '어떤 말을 듣고 놀라 자빠지다'의 뜻이다. 즉 '놀라서 어이가 없다'라는 의미로 '雷人语录'는 이러한 표현들을 모아 놓은 것을 말한다.

❹ **80后 / 90后** 1980년대 출생자, 80년대생 / 1990년대 출생자, 90년대생

❺ **富二代** 재벌2세

值观的问题。他说："如果中了一千万美元，你会怎么处理？"三位留灯女性的回答都没有得到安田的认可。因为她们都想的是自己怎么花掉这些钱，而安田的回答是："要是我，就会选择成立一个基金，或者照顾一些孤儿，做一些慈善。做人，必须要有为人民服务的精神！"安田的一席话语惊四座，令人深思。由此看来，电视相亲节目在娱乐的时候，也应该注意节目的教育意义。

본문의 내용에 근거하여 다음 문제에 대해 이야기해 보세요.

1. 你对《非诚勿扰》这样的电视相亲节目有什么看法？

2. 你会去这样的节目寻找你的另一半吗？为什么？

3. 对《非诚勿扰》节目中展示的现代中国年轻人的婚恋观，你有什么看法？

4. 说说你们国家年轻人的婚恋观。

5. 如果你中了一千万美元，你会怎么处理？

生词 单어

🎧 1-2

1	诚	chéng	형 진실한
2	勿	wù	부 ~해서는 안 된다, 아니다
3	扰	rǎo	동 어근 어지럽히다, 폐를 끼치다
4	知	zhī	동 어근 알다, 이해하다, 깨닫다
5	婚	hūn	어근 결혼하다, 혼인
6	恋	liàn	어근 사랑하다, 그리워하다
7	观	guān	명 어근 관점, 견해
8	卫视	wèishì	명 위성TV
9	交友	jiāoyǒu	동 교제하다, 커플을 매칭하다
10	年轻人	niánqīngrén	명 젊은이
11	单身	dānshēn	명 수식 독신, 홀몸
12	女性	nǚxìng	명 여성
13	上场	shàng//chǎng	동 출현하다, 등장하다
14	嘉宾	jiābīn	명 귀한 손님, 게스트
15	互动	hùdòng	동 서로 왕래하다 명 상호작용
16	某个	mǒugè	수식 어떤, 어느
17	算	suàn	동 추측하다, ~인 셈이다, 간주하다
18	舞台	wǔtái	명 무대
19	播出	bōchū	방송하다, 방영하다
20	收视率	shōushìlǜ	명 시청률
21	关注	guānzhù	동 관심을 갖다, 배려하다
22	当今	dāngjīn	명 현재, 지금
23	相亲	xiāng//qīn	동 선을 보다
24	展示	zhǎnshì	동 전시하다, 펼쳐 보이다
25	以貌取人	yǐmào qǔrén	관용 용모로 사람을 평가하다
26	心动	xīndòng	형 가슴이 설레는
27	脸蛋	liǎndàn	명 얼굴, 볼
28	而已	éryǐ	조 ~만, ~뿐이다
29	凭	píng	전 ~에 따라, ~의지하여
30	外表	wàibiǎo	명 겉모양, 외모
31	浮躁	fúzào	형 경박스러운
32	喧哗	xuānhuá	동 떠들다, 떠들어 대다

33	倾向	qīngxiàng	몡 추세, 경향 동 기울다, 쏠리다
34	物质	wùzhì	몡 물질
35	谈恋爱	tán//liàn'ài	동 연애하다
36	红人	hóngrén	몡 인기 있는 사람
37	雷人	léirén	형 어이없는, 기막힌, 말이 안 나올 정도로 놀라운
38	语录	yǔlù	몡 어록
39	体现	tǐxiàn	동 구현하다, 체현하다
40	宁愿	nìngyuàn	접 차라리 (~지언정)
41	一面	yímiàn	몡 한 측면, 한 방면
42	金钱	jīnqián	몡 돈, 금전
43	谈婚论嫁	tánhūn lùnjià	관용 결혼에 대해 얘기하다
44	嫁	jià	동 어근 시집가다
45	拼	pīn	동 필사적으로 하다
46	爹	diē	몡 아버지
47	中意	zhòng//yì	동 마음에 들다
48	半数	bànshù	몡 절반
49	男性	nánxìng	몡 남성
50	在乎	zàihu	동 마음에 두다, 개의하다
51	女方	nǚfāng	몡 신부 쪽, 여자 쪽
52	背景	bèijǐng	몡 배경
53	不由得	bùyóude	부 저절로, 나도 모르게
54	令	lìng	동 ~하게 하다, 시키다
55	担忧	dānyōu	동 근심하다, 걱정하다
56	快餐	kuàicān	몡 패스트푸드
57	促成	cùchéng	동 재촉히여 빨리 이루어시게 하다
58	试婚	shì//hūn	동 시험 삼아 결혼하다
59	现代人	xiàndàirén	몡 현대인
60	秒钟	miǎozhōng	양 초 [시간 단위]
61	伴侣	bànlǚ	몡 반려, 동반자
62	草草	cǎocǎo	부 대강대강, 간략하게, 적당히
63	盲目	mángmù	형 맹목적인
64	快速	kuàisù	형 쾌속의, 속도가 빠른

65	寻求	xúnqiú	통 찾다, 구하다
66	使得	shǐde	통 ~한 결과를 낳다, ~하게 하다
67	必	bì	부 반드시, 꼭
68	择偶	zé//ǒu	통 배우자를 선택하다
69	观念	guānniàn	명 관념, 생각
70	伦理	lúnlǐ	명 윤리
71	道德观	dàodéguān	명 도덕관
72	主持人	zhǔchírén	명 진행자, 사회자
73	特邀	tèyāo	통 특별초청하다
74	引导	yǐndǎo	통 인도하다, 안내하다 명 인도
75	极为	jíwéi	부 극히, 매우
76	参与	cānyù	통 참여하다
77	启示	qǐshì	명 계시, 시사, 깨달음
78	高才生	gāocáishēng	명 우등생, 수재
79	到场	dào//chǎng	통 출석하다, 현장에 가다
80	认可	rènkě	통 인가하다, 허락하다
81	基金	jījīn	명 기금, 펀드
82	孤儿	gū'ér	명 고아
83	慈善	císhàn	형 자비로운, 동정심 많은
84	做人	zuò//rén	통 처세하다, 행동하다
85	席	xí	양 자리
86	语惊四座	yǔjīng sìzuò	관용 발언이 독특하고 신기하여 듣는 이를 놀라게 하다
87	深思	shēnsī	통 깊이 생각하다
88	由此	yóucǐ	접 이로써, 이리하여
89	娱乐	yúlè	통 즐겁게 하다 명 오락

고유명사

1	江苏	Jiāngsū	지명 쟝쑤
2	马诺	Mǎ Nuò	인명 마눠
3	安田	Ān Tián	인명 안톈
4	宝马	Bǎomǎ	BMW의 중국명칭
5	哈佛	Hāfó	하버드(Harvard)대학

❶ 형태소

1 一观 : ~관

사물에 대한 인식 혹은 견해를 나타낸다.

> 예 婚恋观 연애결혼관 │ 择偶观 배우자선택관 │ 人生观 인생관 │ 价值观 가치관 │ 宇宙观 우주관 │ 伦理道德观 윤리도덕관

2 一式 : 양식, 스타일

앞에 형용사, 명사 등의 수식어가 온다. 중간에 '的'를 첨가하지 않는다.

> 예 中式 중식 │ 西式 서양식 │ 欧式 유럽식 │ 新式 신식 │ 旧式 구식, 구형 │ 老式 구식 │ 现代式 현대식 │ 快餐式 패스트푸드식 │ 日本式 일본식 │ 美国式 미국식

3 一度 : 정도

> 예 难度 난이도 │ 强度 강도 │ 浓度 농도 │ 酸度 산도 │ 弯度 굴곡도 │ 纯度 순도 │ 长度 길이 │ 广度 넓이 │ 亮度 밝기 │ 灵敏度 감도 │ 关注度 관심도 │ 能见度 가시도 │ 精密度(精度) 정밀도

4 一率 : 비율

> 예 收视率 시청률 │ 频率 빈도 │ 效率 효율 │ 速率 속력 │ 比率 비율 │ 利率 이율 │ 出生率 출생률 │ 死亡率 사망률

5 闪一 : 갑자기 나타나다, 빠르게 진행되다

> 예 闪婚 초고속으로 결혼하다 │ 闪离 초고속으로 이혼하다 │ 闪牵 초고속 연결 │ 闪击 급습하다 │ 闪现 언뜻 나타나다 │ 闪入 갑자기 들어오다 │ 闪过 갑자기 지나가다

6 试-: 시험 삼아 해보다

예 **试婚** 시험 삼아 결혼하다 | **试离** 시험 삼아 이혼하다 | **试笔** 시험 삼아 써 보다 | **试问** 물어보다 | **试销** 시험 판매하다 | **试想** 생각해 보다 | **试看** 시험 삼아 보다 | **试用** 시험 삼아 사용하다 | **试行** 시험 삼아 해보다 | **试穿** 입어보다 | **试跳** 뛰어보다 | **试读** 읽어보다 | **试唱** 시험 삼아 불러보다 | **试飞** 시험 비행

❷ 성어와 숙어

1 非诚勿扰　만약 성의가 없다면 귀찮게 하지 마라

'非'는 '아니다', '勿'는 '~하지 마라'의 의미로 '非…勿…'는 '~이 아니면 ~하지 마라'라는 관용어구이다. 주로 네 글자의 형식으로 이루어지며, 고대중국어에서 사용하던 표현법이다.

❶ 《非诚勿扰》是江苏卫视的婚恋交友节目，年轻人通过上电视节目找到自己的另一半。
〈두근두근 스위치〉는 징쑤 위성 TV의 커플 매칭 프로그램으로, 젊은이들은 이 TV 프로그램을 통해 자신의 반쪽을 찾는다.

❷ 我跟人谈生意的态度是非诚勿扰，真诚对我来说非常重要。
내가 다른 사람과 사업을 할 때의 태도는 '성의 없이 상대방을 귀찮게 하지 않는 것'을 원칙으로 하는데, 진실한 마음은 내게 있어 매우 중요하다.

❸ 美国恐怖电影《非礼勿视》在中国市场上获得了出人意料的成功。
미국의 호러 영화 〈See No Evil〉은 중국 시장에서 뜻밖의 성공을 거두었다.

❹ 李经理的门上写着"非请勿进"四个字，所以别人不能随便打扰。
이 대표의 문 위에는 '허락 없이 들어오지 마시오'라는 네 글자가 쓰여 있어서 다른 사람들이 함부로 그를 방해할 수 없다.

2 令人担忧　다른 사람으로 하여금 걱정하게 하다, 근심하게 하다

❶ 这种现象不由得令人担忧。
이러한 현상은 우려하지 않을 수 없다.

❷ 北京的交通问题确实令人担忧。
베이징의 교통 문제는 분명 우려스럽다.

❸ 互联网虽然给我们的生活带来了很多方便，但是其引发的社会问题也令人担忧。
인터넷이 비록 우리의 생활에 많은 편리함을 가져다주었지만, 그로 인한 사회적 문제 또한 걱정스럽다.

❹ 我国的食品安全问题一直令人担忧。
우리나라 식품 안전의 문제는 줄곧 사람들을 걱정스럽게 한다.

3 以貌取人 외모로 사람을 판단하고 그의 품성이나 재능을 무시하다

❶ 这不仅仅是这些登上《非诚勿扰》节目的男女嘉宾的问题，它反映的是在浮躁喧哗的今天，"以貌取人"已成为现代很多青年男女的普遍倾向。

이는 단지 〈두근두근 스위치〉라는 프로그램에 출연한 남녀 출연자들만의 문제는 아니다. 이것이 반영하는 것은 소란스럽고 경박하기 이를 데 없는 오늘날에 '외모로 사람을 판단하는 것'이 이미 현대의 수많은 청춘 남녀의 보편적인 경향이 되어버렸다는 것이다.

❷ 我们不要以貌取人，因为往往有些人其貌不扬却能够做出一番事业来。

우리는 외모로 사람을 평가해서는 안 된다. 왜냐하면 어떤 사람들은 외모가 못 생겨도 큰 일을 해 내곤 하기 때문이다.

❸ 美貌只是表面现象而已，以貌取人靠不住。

미모는 단지 표면적인 현상일 뿐이다. 외모로 사람을 판단하는 것은 믿을 수가 없다.

❹ 在看脸时代的职场上，以貌取人已经成为大众的常态。

얼굴을 따지는 시대의 직장에서 외모로 사람을 평가하는 것은 이미 대중의 일상적인 태도가 되어 버렸다.

*其貌不扬 qímào bùyáng 용모가 아주 못 생기다

4 语惊四座 발언이 독특하고 신기하여 듣는 이를 놀라게 하다

발언이나 관점이 여러 사람들과 다르고 말에 무게가 있음을 나타낸다.

❶ 安田的一席话语惊四座，令人深思。

안텐의 이 말 한마디는 좌중을 모두 놀라게 하였고 모두가 깊이 생각하게 했다.

❷ 一个9岁的美国女孩希望废除标准化考试。她的这席演讲语惊四座。

미국의 한 아홉 살짜리 여자 아이는 SAT시험의 폐지를 바랐다. 그녀의 이번 강연은 좌중의 모든 사람들을 놀라게 했다.

❸ 美国总统大选时，候选人都希望自己的演讲能够语惊四座。

미국 대통령 선거 때 후보들은 모두가 자신의 강연이 좌중을 충분히 놀라게 할 수 있기를 바란다.

❹ 他一开始就说了一句语惊四座的话。

그는 시작부터 좌중을 놀라게 하는 말을 하였다.

*标准化考试 biāozhǔnhuà kǎoshì 미국의 'Scholastic Assessment Test', SAT

❸ 어구와 문형

❶ 以……方式 관용구문 ~의 방식을 사용하여

'~의 방법으로', '~의 방식으로'라는 의미로 주로 동사 앞에 출현하여 부사어로 사용된다.

❶ 她们根据对上场男嘉宾的印象，以亮灯或者灭灯的方式来决定男嘉宾的去留。

그녀들은 남성 출연자들의 이미지에 근거하여 불을 켜거나 끄는 방식으로 남성 출연자의 퇴장 여부를 결정한다.

❷ 网络影视作品正以不同以往的方式改变人们的生活。

인터넷 영상작품은 기존과 다른 방식으로 사람들의 생활을 변화시킨다.

❸ 有人认为手机是以安全的方式传递信息，其实不然。

어떤 이들은 휴대전화가 안전한 방식으로 정보를 전달한다고 생각하는데, 사실 그렇지가 않다.

❹ 每个人想以自己喜欢的方式生活，可在现实中这很难做到。

모든 사람이 자신이 좋아하는 방식으로 생활하기를 원하지만 현실 속에서는 이를 해내기가 어렵다.

❷ 只是……而已 관용구문 단지 ~일 뿐이다

한정된 범위를 나타내며, 앞뒤로 상황을 설명하거나 더 심화하여 해석하는 말이 온다.
'仅', '仅仅', '仅仅是', '不过是' 등과 유사하다.

❶ 男嘉宾在短短的一两分钟内，没有任何交流和了解就选心动女生，那么选的只是漂亮的脸蛋而已。

남성 출연자는 상대방과 어떠한 교류나 이해 없이 아주 짧은 일이 분의 시간 안에 자신의 마음을 움직인 여성을 선택해야 하므로 단지 예쁜 얼굴만 보고 선택하는 셈이다.

❷ 我没什么好生气的，只是有点儿难过而已。

나는 화날 것은 별로 없고 그저 마음이 약간 아플 뿐이다.

❸ 他只是说说而已，不会认真的。

그는 그저 말해 본 것이니 진지할 리가 없다.

❹ 这是我人生中第一次参与足球活动，不过也只是看热闹而已。

이번이 내 인생에서 처음으로 하는 축구이지만 그저 구경만 할 뿐이다.

*看热闹 kàn rènao 구경하다

3 仅仅 단지, 그저

'仅仅'은 '仅'의 중첩형식으로 의미와 용법이 '仅'과 기본적으로 동일하다. 다만 어기가 좀 더 강하고 어떤 범위에 한정됨을 나타낸다. '仅仅'은 문어 뿐 아니라 구어에도 사용되며, '仅'은 주로 문어에 사용된다.

❶ 这不仅仅是这些登上《非诚勿扰》节目的男女嘉宾的问题，它反映的是在浮躁喧哗的今天，"以貌取人"已成为现代很多青年男女的普遍倾向。

이는 단지 〈두근두근 스위치〉라는 프로그램에 출연한 남녀 출연자들만의 문제는 아니다. 이것이 반영하는 것은 소란스럽고 경박하기 이를 데 없는 오늘날에 '외모로 사람을 판단하는 것'이 이미 현대의 수많은 청춘 남녀의 보편적인 경향이 되어버렸다는 것이다.

❷ 几小时就可以确定婚姻伴侣，两个人仅仅因为"看对眼了"就草草地闪婚。

단 몇 시간 만에 결혼 상내를 결정할 수도 있으니 두 사람이 '눈만 맞으면' 바로 적당히 결혼하게 된다.

❸ 虽然仅仅是一份最简单的套餐，老板做得却很用心。

그저 가장 간단한 세트 메뉴일 뿐이지만 사장은 매우 심혈을 기울여 만든다.

❹ 我并不懂音乐，仅仅是喜欢音乐。

나는 결코 음악을 잘 알지 못한다. 단지 음악을 좋아할 뿐이다.

*看对眼 kàn duìyǎn 서로 눈이 맞다
*用心 yòngxīn 심혈을 기울이다

4 宁愿……也不…… 관용구문 차라리 ~일지라도 ~하지 않다

이해득실을 비교한 후 하는 선택을 나타낸다. 여기서 '宁愿'은 동사 앞에 출현할 수도 있고, 주어 앞에 출현할 수도 있다.

❶ 宁愿坐在宝马车里哭，也不坐在自行车上笑。

자전거에 앉아서 웃느니 차라리 BMW 차에 앉아서 울겠다.

❷ 宁愿我多干一点儿，也不能让你累着。

차라리 내가 일을 좀 더 하더라도 너를 힘들게 할 수는 없다.

❸ 我宁愿早到半个小时，也不迟到一分钟。

1분 늦느니 차라리 30분 일찍 도착하겠다.

❹ 我宁愿站着死，也不跪着生。

무릎 꿇고 사느니 차라리 서서 죽겠다.

5 即 동사 **즉**

삽입어로 사용되어 앞의 부분을 해석하거나 설명한다. '是' 또는 '就是'의 유사하다.

❶ 这反映了现代青年婚恋观中很现实的一面，即金钱等物质因素为恋爱婚姻的基本条件，有房有车才能谈婚论嫁。

이것은 요즘 젊은이들의 연애결혼관 중 가장 현실적인 측면을 빈영한다. 즉 금전 등 물질적인 요소가 연애와 결혼의 기본 조건이 되어 집도 있고 차도 있어야 결혼을 논할 수 있게 되었다.

❷ 我刚来中国那一年，即一九八二年，陪父亲游览了黄山和庐山。

내가 막 중국에 왔던 그 해, 즉 1982년에 아버지를 모시고 황산과 루사을 유람했다.

❸ 在我的家乡，即江西，山上到处是竹子。

나의 고향, 즉 장시성은 산 여기저기가 다 대나무로 덮여 있다.

❹ 越来越多的下岗职工从事第三产业，即服务业。

점점 더 많은 퇴직 노동자들이 3차 산업, 즉 서비스업에 종사한다.

6 不由得 부사 저절로, 자기도 모르게

동사 앞에 출현한다.

❶ 这种现象不由得令人担忧。

이러한 현상은 우려하지 않을 수 없다.

❷ 老师一说要听写，我就不由得紧张起来了。

선생님이 받아쓰기를 하겠다고 말씀하시자 나는 저절로 긴장이 되었다.

❸ 看着这些快乐的孩子，我不由得想起了自己的童年。

즐거워하는 이 아이들을 보니 나도 모르게 나의 어렸을 때가 떠올랐다.

❹ 见到日思夜想的亲人，孩子们不由得泪流满面。

밤낮으로 그리워한 가족을 만나자 아이들은 저절로 얼굴이 눈물로 범벅이 되었다.

*日思夜想 rìsī yèxiǎng 밤낮으로 생각하다
*泪流满面 lèiliú mǎnmiàn 얼굴이 눈물로 범벅이 되도록 울다

7 而 (1) 접속사 그리고

상호 보충함을 나타낸다. '又'나 '而且'와 유사하며, 병렬의 형용사를 연결할 때 사용한다.

❶ 如此盲目而快速地寻求伴侣的方式，使得婚恋过程就像吃快餐一样。

이렇게 맹목적이면서도 빠르게 자신의 반려자를 구하는 방식으로 인해 연애 및 결혼의 과정은 마치 패스트푸드를 먹는 것처럼 되어 버렸다.

❷ 他的文笔简练而生动，很有吸引力。

그의 글은 간결하면서도 생동적이어서 매우 매력이 있다.

❸ 十天紧张而充实的训练，使我们学到了很多东西。

열흘간의 긴장되면서도 충실한 훈련을 통해 우리는 많은 것을 배우게 되었다.

❹ 经验和才干才是一个人可靠而长远的资源。

경험과 재능이야말로 한 사람의 믿을 만하면서도 장기적인 사원이다.

8 令 동사 ~로 하여금 ~하게 만들다

매우 강한 사역의 의미를 갖고 있어 어떤 원인, 사건, 행위 혹은 조건으로 모종의 심리 상태를 유발함을 나타낸다. 단독으로 술어동사가 되지는 않고 뒤에 항상 겸어인 '사람'이 출현해야 한다. 뒤에 동태조사 '了', '着', '过'와 보어가 올 수 없으며, 중첩 또한 불가능하다.

❶ 安田的一席话语惊四座，令人深思。

안톈의 이 말 한마디는 좌중을 모두 놀라게 하였고 모두가 깊이 생각하게 했다.

❷ 校长的做法令人讨厌，引起全体老师的反对。

교장의 방법은 혐오스러워서 전체 교사의 반대를 불러 일으켰다.

❸ 令人惊讶的是，数学课被选为他们最喜欢的科目。

놀랍게도 수학 과목이 그들이 가장 좋아하는 과목으로 선정되었다.

❹ 电视真人秀《爸爸去那儿》被评为今年最令人失望的电视节目之一。

TV 리얼리티 쇼인 〈아빠 어디가〉가 금년 가장 실망스러운 TV 프로그램 중 하나로 선정되었다.

*真人秀 zhēnrénxiù 리얼리티 쇼

🎧 1-3

"闪婚闪离" 80后

几年前，"闪婚"还是一个时髦的名词，而如今已经被"闪离"所代替。近年来，许多80后的年轻人结婚和离婚都过于迅速，成为社会学家关注的问题。一般来说，这样的婚姻长的不到三年，短的只有两三个月。"80后的年轻人离起婚来很'痛快'，让人觉得不可思议。"一位婚姻登记处的工作人员对记者说，"来办理离婚的年轻人，有的坦然得像朋友，还用手机拍照留作纪念。有的虽然有了孩子，但双方提前写好了离婚协议，工作人员连规劝的话都插不上一句，他们就办完手续离开了。"

"闪婚闪离" 为哪般

数据表明：涉及80后的离婚案件中，有90%的小夫妻都是独生子女。独生子女曾被称为最幸福的一代，他们享受着衣食无忧的生活，享受着来自父母、祖父母的种种疼爱，从小被当成"小皇帝"、"小公主"，很难懂得珍惜与感恩。与六七十年代出生的人相比，80后在婚姻生活中不够宽容和忍让，导致了他们的婚姻稳定性下降。调查显示：在已婚的独生子女家庭中，有30%雇小时工做家务，20%由父母帮助整理房间，80%长期去父母家吃饭。而与此同时，这代人对婚姻质量的要求却更高，对平淡生活不愿意"凑合"，由生活琐事引发的离婚也就越来越多。

也有人认为，离婚率高不完全出于独生子女的个性。因为80后年轻人的文化背景跟他们的父母不同，他们少了传统的婚姻观念，接受了社会上一些新的思想，对婚姻的态度没有父母那么慎重。他们的想法是：合则聚，不合则散。一位网友说："错误的婚姻，勉强在一起才是不幸，对两个人都一样。结婚了发现性格不合，然后离婚，这没什么，难道要让错误一直继续？"值得注意的是，对一些年轻人的"闪婚闪离"，家长们是支持的态度。因为家长不想让孩子在婚姻中受委屈，不是教育孩子互相包容，而是要求孩子不让步。

不如惜取眼前人

一位心理咨询师说："闪电结婚听起来时髦，其实痛苦只有当事人知道。"好几次，他面对刚结婚不久的年轻妈妈抱着几个月大的孩子来咨询离婚，感到非常痛心。他说："在婚姻中，结婚动机、彼此的了解、对婚姻的认识以及如何经营婚姻，这些方面都需要相当长的一段时间才能达成共识。幸福的家庭应来自对质朴生活的理解。结婚仅仅是开始，在婚姻中学习和成长才最重要。"他引用英国诗人蒲柏的话"一切皆可努力而获得，惟妻子是上天的恩赐"，希望青年男女珍惜眼前人。

有人建议想离婚的夫妻先"试离婚"。因为有的年轻人离婚后比较后悔，想复婚，复婚后又觉得不合适，还想离婚，"试离婚"可以尽量减少由于一时冲动造成的损失。

📑 본문의 내용에 근거하여 다음 문제에 대해 이야기해 보세요.

1. 什么是"闪婚"和"闪离"?

2. 为什么在80后的年轻人中容易发生"闪婚"和"闪离"?
"闪婚"和"闪离"与独生子女的个性有关系吗?

3. 中国的独生子女有什么特点? 你们国家的独生子女呢?
你觉得形成独生子女个性特点的原因是什么?

4. 家长对"闪婚"和"闪离"的态度怎么样? 为什么?

5. 为什么"闪婚"和"闪离"不是解决婚姻问题的最好办法?
"试离婚"是好方法吗?

6. 你怎么看"闪婚"和"闪离"? 你们国家有没有这种现象?

单어

🎧 1-4

1	时髦	shímáo	형 첨단인, 유행을 선도하는, 스타일리시한
2	名词	míngcí	명 명사
3	过于	guòyú	부 지나치게, 너무
4	不可思议	bùkě sīyì	관용 불가사의하다, 상상할 수 없다, 이해할 수 없다
5	登记处	dēngjìchù	명 등기소
6	办理	bànlǐ	동 처리하다, 수속하다
7	坦然	tǎnrán	형 마음이 편한, 마음에 거리낄 것이 없는
8	手机	shǒujī	명 휴대전화
9	拍照	pāi//zhào	동 사진을 찍다
10	协议	xiéyì	명 협의, 합의
11	规劝	guīquàn	동 권고하다, 충고하다
12	般	bān	명 종류, 방법
13	涉及	shèjí	동 관련되다, 미치다
14	案件	ànjiàn	명 사건
15	夫妻	fūqī	명 부부
16	独生子女	dúshēng zǐnǚ	외동 자녀
17	衣食无忧	yīshí wúyōu	관용 먹고 입는 게 걱정 없다
18	父母	fùmǔ	명 부모
19	祖父母	zǔfùmǔ	명 조부모
20	种种	zhǒngzhǒng	중첩 갖가지, 여러 가지
21	疼爱	téng'ài	동 매우 사랑하다
22	公主	gōngzhǔ	명 공주
23	珍惜	zhēnxī	동 소중히 여기다, 아끼다
24	感恩	gǎn'ēn	동 은혜에 감사하다
25	相比	xiāngbǐ	동 비교하다, 서로 견주다
26	宽容	kuānróng	동 너그럽게 받아들이다, 관대하다
27	忍让	rěnràng	동 참고 양보하다
28	导致	dǎozhì	동 야기하다, 초래하다
29	稳定性	wěndìngxìng	명 안정감
30	下降	xiàjiàng	동 하강하다
31	已婚	yǐhūn	기혼
32	雇	gù	동 고용하다

33	小时工	xiǎoshígōng	몡 시간제 노동자, 아르바이트
34	家务	jiāwù	몡 가사, 집안일
35	与此同时	yǔcǐ tóngshí	관용 이와 동시에
36	平淡	píngdàn	혱 평범한, 무미건조한
37	凑合	còuhe	혱 형편이 좋은, 아쉬운 대로 좋은
38	琐事	suǒshì	몡 자질구레한 일, 사소한 일
39	引发	yǐnfā	동 일으키다, 야기하다
40	离婚率	líhūnlǜ	몡 이혼율
41	出于	chūyú	~에서 나오다, ~에서 발생하다
42	个性	gèxìng	몡 개성
43	慎重	shènzhòng	혱 신중한
44	聚	jù	동 모이다, 모으다
45	散	sàn	동 흩어지다, 떨어지다
46	网友	wǎngyǒu	몡 네티즌
47	勉强	miǎnqiǎng	동 강요하다
48	家长	jiāzhǎng	몡 가장, 학부형, 부모
49	委屈	wěiqu	혱 억울한
50	包容	bāoróng	동 포용하다, 수용하다
51	而	ér	접 그러나
52	让步	ràng//bù	동 양보하다
53	惜	xī	어근 아끼다, 불쌍히 여기다
54	心理	xīnlǐ	몡 심리, 기분
55	咨询	zīxún	동 상담하다, 자문하다
56	闪电	shǎndiàn	몡 번개
57	当事人	dāngshìrén	몡 당사자
58	面对	miànduì	동 직면하다, 마주보다
59	痛心	tòngxīn	혱 상심하는, 가슴 아픈
60	动机	dòngjī	몡 동기
61	彼此	bǐcǐ	대 서로, 피차
62	达成	dáchéng	동 달성하다, 도달하다
63	共识	gòngshí	몡 공통의 인식, 공감대
64	质朴	zhìpǔ	혱 실박한, 소박한, 수수한

65	引用	yǐnyòng	동 인용하다
66	诗人	shīrén	명 시인
67	皆	jiē	부 모두, 함께
68	惟	wéi	부 다만, 단지, 오직
69	上天	shàngtiān	명 하느님
70	恩赐	ēncì	동 은혜를 베풀다
71	复婚	fù//hūn	동 재결합하다
72	冲动	chōngdòng	형 흥분한 명 충동

고유명사

1	蒲柏	Púbǎi	인명 알렉산더 포프(Alexander Pope)

职场上的 "90后"

일터에서의 '90년대생'

🎧 2–1

职场上的"90后"

2012年是90后毕业生进入职场最集中的一年。这些上世纪90年代出生的人，以独生子女居多，被认为是掉进"蜜罐子"的幸福一代。那么，这些职场新人们有什么特点呢？今日，新华网记者走访了招聘会、多家职业咨询机构以及企业，了解了很多90后职场就业的情况。

兴趣为主

日前，湖北省人力资源中心举办了两场综合招聘会。包括软件、动漫、通信、机械、机电、制造、光电子等各行业在内的上千个岗位向求职者争递橄榄枝。但记者见到，有的招聘企业人满为患，有的则门庭冷落。

1990年出生的小庄学的是酒店管理专业。在招聘会开始前，她告诉记者，想找一份自己喜欢的工作，除此之外没什么想法。"我爱看电影、热衷于品牌服装，工作一定要和这方面挂钩。"小庄说。此前，她通过网络先后给武汉某女装服饰公司、某运动品牌公司以及某电影城❶发过简历。

和70后、80后选择工作要求稳定、福利齐全的择业观念不同，90后找工作

---

❶ **电影城**　영화 스튜디오

时，已经时刻准备着"跳槽"换工作。对这一群体来说，两年换六七份工作很常见，极端的，有人两年内跳槽十一次。某咨询公司职业规划师洪向阳告诉记者，面试时，多数90后根本不谈薪水，也不求长远，增长见识、增加经历倒常被他们挂在嘴边。

个性超强

有关统计显示，90后小白领最看重的是工作自由度和在企业的未来发展。在工作中，他们往往个性超强，不愿妥协。二十二岁的小元，毕业后进了一家策划公司，主要工作是为客户布置会展。小元对待工作非常认真。他认为，要想长期维系良好的客户关系，就要注重细节。比如在给客户做展示时，多做一个版本作比较，既花不了多少成本，又能令客户满意。然而，在这点上，小元与老板意见相左，跟老板起了冲突。小元一气之下，辞职走人。其实这种情况完全可以通过沟通解决，但小元个性太强，不懂妥协。

手机控❷

90后是网络时代的优先体验者，网络对他们的生活、学习乃至求职都产生了深刻影响。工作时间发微博、玩微信、逛淘宝……手机不离手是90后的通病。他们喜欢在微博、微信上把自己生活中的点点滴滴都晒出来。小周也不例外。一次，她在微博发布了一张照片，导致公司研发的新产品资料提前曝光，损害了公

---

❷ 控　ACGN계의 용어. 영문단어 'complex'의 'con'이 일본어에 차용되어 'XX控'형태의 신조어를 형성하게 되었다. 여기서 ACGN이란 Animation(애니메이션), Comic(만화), Game(게임), Novel(소설)의 아니머니, '무엇 내지에 대해 과분하게 좋아함'을 의미하며, '游戏控' '女仆控' 들이 있다.

司的利益。公司将小周辞退，并通过法律手段向小周索要相应赔偿。随着微博、微信等即时通信工具成为日常生活的一部分，90后职场新人们要加强保密意识，避免因一时疏忽而给公司造成损失，并给自己的职业生涯带来不利影响。

有创新意识

采访中，一家软件企业人事主管告诉记者："尽管有着不同的择业观念，但90后接受新兴事物能力强，具有创新意识。如果企业能够提供足够的发展空间，他们可以很快成为企业的中坚力量。"1993年出生的陈心怡毕业于美国普林斯顿大学数学系。读大二时她就创立了一个手机远程智能系统，因此获得了少年创业者大奖。2013年，她加入了中关村创新企业——格灵深瞳❸，目前正在参与智能汽车领域中的电脑视觉运用的项目。该项目预计很快将可以实现对车速、路况、交通标志等的识别。陈心怡说，投身到一个创新项目之中，每天都能看到项目的进展和公司的进步，这让她感到既充实又有意义。

学习能力强、思路新颖、有创新能力、愿意挑战自己，这些都是90后职场新人最闪耀的一面。

---

❸ **格灵深瞳** 중국의 인공지능 스타트업 기업인 딥클린트 회사

📖 본문의 내용에 근거하여 다음 문제에 대해 이야기해 보세요.

1. 90后的年轻人在职场上有哪些特点？

2. 小庄找工作注重什么？

3. 小元为什么辞职？如果你在职场中遇到这种问题，会怎样面对？

4. 小周为什么被公司辞退？

5. 陈心怡为什么能成为公司的中坚力量？

6. 你们国家的年轻人在职场上有什么特点？

生词

1	职场	zhíchǎng	명 직장
2	毕业生	bìyèshēng	명 졸업생
3	居多	jūduō	다수를 차지하다
4	蜜	mì	명 어근 꿀
5	罐子	guànzi	명 깡통, 항아리
6	走访	zǒufǎng	동 방문하다, 인터뷰하다
7	招聘	zhāopìn	동 초빙하다, 모집하다
8	就业	jiù//yè	동 취업하다
9	为主	wéizhǔ	~을 위주로 하다
10	人力	rénlì	명 인력
11	举办	jǔbàn	동 개최하다, 거행하다
12	软件	ruǎnjiàn	명 소프트웨어
13	动漫	dòngmàn	명 애니메이션
14	通信	tōngxìn	명 통신
15	机电	jīdiàn	명 기계와 전력 설비
16	光电子	guāngdiànzǐ	명 광전자
17	行业	hángyè	명 업종, 업무, 직업, 직종
18	岗位	gǎngwèi	명 일자리, 직장, 근무처
19	求职者	qiúzhízhě	명 구직자
20	橄榄枝	gǎnlǎnzhī	명 올리브 가지
21	人满为患	rénmǎn wéihuàn	관용 사람이 너무 많아 탈이다
22	门庭	méntíng	명 문과 정원, 가문
23	冷落	lěngluò	형 한산한, 냉대하는
24	酒店	jiǔdiàn	명 호텔, 술집
25	除此之外	chúcǐ zhīwài	관용 이밖에
26	热衷	rèzhōng	동 간절히 바라다, 열중하다
27	品牌	pǐnpái	명 상표, 브랜드
28	服装	fúzhuāng	명 복장, 옷차림
29	挂钩	guà//gōu	동 손을 잡다, 제휴하다
30	网络	wǎngluò	명 네트워크
31	服饰	fúshì	명 복식, 패턴
32	简历	jiǎnlì	명 약력, 이력, 이력서
33	福利	fúlì	명 복리, 복지

34	齐全	qíquán	형 완비된, 완전히 갖춘
35	择	zé	동 어근 선택하다, 고르다
36	业	yè	어근 일, 업무
37	跳槽	tiào//cáo	동 직업을 바꾸다, 직장을 옮기다
38	群体	qúntǐ	명 단체, 그룹
39	常见	chángjiàn	형 흔한, 자주 보이는
40	极端	jíduān	형 극단적인
41	面试	miànshì	동 면접시험을 보다 명 면접시험
42	薪水	xīnshuǐ	명 급료, 봉급
43	长远	chángyuǎn	형 오랜, 길고 오래된
44	见识	jiànshi	명 식견, 견문, 지식
45	嘴边	zuǐbiān	명 입가, 입언저리
46	超强	chāoqiáng	매우 강한, 극강의
47	统计	tǒngjì	동 통계하다 명 통계
48	白领	báilǐng	명 화이트 컬러, 정신노동자
49	看重	kànzhòng	동 중시하다
50	自由度	zìyóudù	명 자유로운 정도
51	妥协	tuǒxié	동 타협하다
52	策划	cèhuà	동 기획하다
53	客户	kèhù	명 고객
54	会展	huìzhǎn	명 전시, 컨벤션
55	维系	wéixì	동 잡아매다, 유지하다
56	注重	zhùzhòng	동 중시하다
57	细节	xìjié	명 자세한 사정, 세목
58	版本	bǎnběn	명 버전, 판본
59	成本	chéngběn	명 원가, 생산비
60	意见相左	yìjiàn xiāngzuǒ	관용 의견이 어긋나다
61	一气之下	yíqì zhīxià	관용 홧김에
62	辞职	cí//zhí	동 사직하다
63	走人	zǒurén	가다, 떠나다
64	沟通	gōutōng	동 교류하다, 소통하다
65	控	kòng	어근 ~광, ~쟁이, 매니아, 애호가
66	优先	yōuxiān	동 우선하다

67	体验	tǐyàn	동 체험하다
68	乃至	nǎizhì	접 더 나아가서, 심지어
69	求职	qiú//zhí	동 직업을 구하다, 구직하다
70	微博	wēibó	명 '微型博客(미니 블로그)'의 준말
71	微信	wēixìn	명 위챗
72	通病	tōngbìng	명 통폐, 일반적인 폐단
73	点点滴滴	diǎndiǎn dīdī	명 소소한 것, 사소한 것 형 조그만, 소소한
74	例外	lìwài	명 예외
75	发布	fābù	동 발포하다, 선포하다
76	研发	yánfā	동 연구 개발하다
77	曝光	bào//guāng	동 노출하다, 나타나다
78	损害	sǔnhài	동 손해를 주다, 손실을 입히다
79	辞退	cítuì	동 사직하다, 그만두다
80	索要	suǒyào	동 요구하다, 강요하다
81	相应	xiāngyìng	형 상응하는
82	赔偿	péicháng	명 배상 동 배상하다
83	随着	suízhe	전 ~따라서, ~따라
84	即时	jíshí	형 즉시, 즉각
85	保密	bǎo//mì	동 비밀을 지키다
86	意识	yìshí	명 의식
87	疏忽	shūhu	동 소홀하다, 부주의하다 명 소홀, 부주의
88	生涯	shēngyá	명 생애, 일생
89	不利	búlì	형 불리한
90	创新	chuàngxīn	동 혁신하다 명 창조성
91	采访	cǎifǎng	동 취재하다, 인터뷰하다
92	人事	rénshì	명 인사, 인사 관계
93	主管	zhǔguǎn	동 주관하다 명 주관자
94	新兴	xīnxīng	형 신흥의, 새로 일어난
95	足够	zúgòu	형 족한, 충분한
96	中坚	zhōngjiān	명 중견, 주축, 주력
97	数学系	shùxuéxì	명 수학과
98	创立	chuànglì	동 창립하다
99	远程	yuǎnchéng	형 장거리의, 원거리의

100	智能	zhìnéng	명 지능, 스마트
101	创业者	chuàngyèzhě	명 창업자
102	加入	jiārù	동 가입하다, 참가하다
103	领域	lǐngyù	명 영역, 분야
104	视觉	shìjué	명 시각
105	预计	yùjì	동 예상하다, 전망하다
106	车速	chēsù	명 차량 속도
107	路况	lùkuàng	명 도로 상황
108	标志	biāozhì	명 표지, 상징
109	识别	shíbié	동 식별하다
110	投身	tóushēn	동 투신하다, 헌신하다
111	进展	jìnzhǎn	명 진전
112	充实	chōngshí	형 충실한
113	思路	sīlù	명 사고의 맥, 생각, 구상
114	新颖	xīnyǐng	형 참신한
115	挑战	tiǎozhàn	동 도전하다 명 도전
116	闪耀	shǎnyào	동 빛을 뿌리다, 반짝이며 빛나다

고유명사

1	新华网	Xīnhuá Wǎng	신화넷
2	湖北	Húběi	지명 후베이
3	小庄	Xiǎo Zhuāng	인명 샤오좡
4	武汉	Wǔhàn	지명 우한 [후베이성의 성정부 소재지]
5	洪向阳	Hóng Xiàngyáng	인명 홍샹양
6	小元	Xiǎo Yuán	인명 샤오위안
7	淘宝(网)	Táobǎo(wǎng)	타오바오왕 [중국의 온라인 구매사이트 이름]
8	陈心怡	Chén Xīnyí	인명 천신이
9	普林斯顿大学	Pǔlínsīdùn Dàxué	프린스턴(Princeton)대학
10	中关村	Zhōngguāncūn	지명 중관춘 [北京市 海淀区에 있는 테크놀로지 중심지역, 중국의 실리콘밸리로 불림]
11	格灵深瞳	Gélíngshēntóng	회사명 딥글린트(Deep Glint)

词语注释 **표현 해설**

1 형태소

1 -场 : 어떤 활동의 범위

> **예** **职场** 직장 | **官场** 관료 사회 | **商场** 상업계 | **社交场** 사교계 | **名利场** 세인이 명예와 이익을 추구하는 장소

2 择- : 선택하다

> **예** **择业** 직업을 선택하다 | **择偶** 배필을 고르다 | **择优** 우수한 것을 선택하다 | **择期** 기일을 선택하나, 날을 잡다 | **择交** 친구를 선택하다 | **饥不择食** 배고플 때는 찬밥 더운밥 가릴 여유가 없다

3 增- : 증가하다

> **예** **增长** 증가하다 | **增加** 증가하다 | **增进** 증진시키다 | **增多** 많아지다 | **增高** 높아지다 | **增强** 강화하다

4 维- : 연결하다, 유지하다, 보존하다

1. 연결하다
   > **예** **维系** 잡아매다
2. 유지하다, 보존하다
   > **예** **维护** 지키다 | **维持** 유지하다 | **维权** 권익을 보호하다 | **维和** 평화를 유지하다 | **维稳** 사회 안정을 지키다

5 注-/-注 : 정신이나 역량을 집중하다

> **예** **注重** 중시하다 | **注意** 주의하다 | **注视** 주시하다 | **注目** 주목하다 | **关注** 관심을 가지다

6 **-偿/偿-** : 깊다, 배상하다

> **예** **赔偿** 배상하다 | **补偿** 보상하다 | **偿还** 상환하다 | **得不偿失** 얻는 것보다 잃는 것이 많다

7 **-强/强-** (1) : (힘이) 세다, 강하다

> **예** **加强** 강화하다 | **增强** 증강하다 | **强健** 강건하다 | **强壮** 건장하다

8 **-展/展-** : 펼치다, 앞으로 나아가다

1. 펼치다
   > **예** **开展** 전개하다 | **伸展** 뻗다 | **舒展** 펴다 | **愁眉不展** 근심과 걱정에 잠기다 | **展览** 전시하다

2. 앞으로 나아가다
   > **예** **进展** 진전하다 | **发展** 발전하다 | **展开** 전개하다

2 성어와 숙어

1 人满为患 사람이 너무 많아 수용이 불가능하여 어려움이 생기다

❶ 有的招聘企业人满为患，有的则门庭冷落。
일부 기업은 사람이 너무 넘쳐나서 고민인 반면, 일부는 사람이 없어 썰렁했다.

❷ 现在很多中国的大城市都人满为患，带来包括交通拥挤、房价上涨、就业难等一系列问题。
현재 많은 중국 대도시들이 사람이 너무 많아 골치가 아픈데, 이로 인해 교통이 혼잡하고 집값이 오르고 취업이 어려워지는 등 일련의 문제가 발생하고 있다.

❸ 这个医院来看病的人太多，已经人满为患，需要向其他的医院疏散一些患者。
이 병원은 진료를 보러 오는 사람이 너무 많아 이미 골치가 아프다. 다른 병원으로 환자들을 분산시켜야 한다.

❹ 美国的"黑色星期五"是商家大降价的一天，顾客都想在这一天买到便宜的东西，所以商店里常常是人满为患。
미국의 '블랙프라이데이'는 판매자가 가격을 대폭 할인해 주는 날로, 고객들은 모두 이날 저렴한 물건을 사고 싶어 하기 때문에 상점 안은 늘 사람들로 붐빈다.

2 门庭冷落 매우 한산하고 손님이 거의 없다

❶ 有的招聘企业人满为患，有的则门庭冷落。
일부 기업은 사람이 너무 넘쳐나서 고민인 반면, 일부는 사람이 없어 썰렁했다.

❷ 这个饭馆经营得不好，开业半年了，仍旧是门庭冷落，没有多少顾客。
이 식당은 경영이 좋지 않아 개업한 지 반년이 되었는데도 여전히 썰렁하고 손님이 몇 안 된다.

❸ 他父亲做高官时，家中常常宾客满堂。现在他父亲失去了官职，家中渐渐门庭冷落。
그의 부친이 고위 관리였을 때 집안엔 늘 손님이 가득했다. 이제 그의 부친이 관직을 그만 두어서 집안이 점차 썰렁해졌다.

❹ 北京中关村被称为中国的"硅谷"，曾经是年轻人求职创业的地方，近两年却有些门庭冷落起来。
베이징 중관춘은 중국의 '실리콘밸리'로 불리며 한때는 젊은이들이 구직을 하거나 창업을 하던 곳이었으나 요 몇 년 다소 썰렁해졌다.

③ 어구와 문형

① 以……(为)…… 관용구문 ~을 ~로 히다

'以'는 '~을 가지고', '~으로'의 동사로 문어 표현이다. '为' 뒤에는 형용사가 오며 비교적 어떠하다는 것을 나타낸다. 경우에 따라 '为'는 생략이 가능하다.(❶❸)

❶ 这些上世纪90年代出生的人，以独生子女居多。
이들 90년대생은 외동 자녀가 대다수를 차지한다.

❷ 这部短篇小说集以描写军事题材的作品为多。
이 단편소설집은 군사적인 소재를 묘사한 작품이 다수이다.

❸ 目前生产的电脑产品中以苹果公司的产品最受欢迎。
현재 생산되는 컴퓨터 제품 중 애플사의 제품이 가장 인기가 있다.

❹ 中国南方的气候、土壤和环境以种植水稻为宜。
중국 남방의 기후와 토양, 환경은 벼 재배에 적합하다.

② 被 전치사 ~에 의해

피동문에 사용하며 동작의 행위자를 이끈다. 앞에 오는 주어는 동작의 수동자이다. 동사 뒤에 완료 혹은 결과를 나타내는 단어가 오거나 동사 자체에 이러한 성분이 포함되어 있다.

❶ (他们)被认为是掉进"蜜罐子"的幸福一代。
(그들은) '꿀단지'에 빠진 행복한 세대라고 인식된다.

❷ 我的书被同屋小王借去了。
나의 책은 룸메이트 샤오왕이 빌려갔다.

❸ 今天他的车被哥哥开走了。
오늘 그의 차는 형이 타고 갔다.

❹ 你这样说容易被别人误解。
네가 이렇게 말하면 다른 사람들에게 쉽게 오해를 받을 수 있다.

3 于 전치사 ~에

주로 문어에 쓰이며 동사 뒤에 온다. 방향, 목표, 추구를 나타낸다.

❶ 我爱看电影、热衷于品牌服装。
저는 영화를 좋아하고 명품 브랜드 옷에 아주 푹 빠져 있어요.

❷ 他立志长大后要投身于科学研究。
그는 커서 과학 연구에 몸 바칠 뜻을 세웠다.

❸ 几十年来，爸爸一直致力于环境保护的工作。
몇십 년 동안 아버지는 줄곧 환경 보호 사업에 힘쓰셨다.

❹ 孙中山先生一生献身于革命。他最有名的一句话是"革命尚未成功，同志仍须努力。"
쑨중산 선생은 일생동안 혁명에 헌신하였나. 그가 한 가장 유명한 말은 바로 "혁명은 아직 성공하지 않았다. 동지들은 아직도 노력해야 한다."이다.

*致力 zhìlì 애쓰다, 힘쓰다

4 根本 부사 아예, 전혀, 도무지, 시종

주로 부정문이나 부정에 가까운 의미를 지닌 동사를 수식하는 데 사용한다.

❶ 多数90后根本不谈薪水。
대다수의 90년대생은 급여에 대해서는 전혀 언급하지 않는다.

❷ 王明是谁？我根本不认识他！
왕밍이 누구입니까? 저는 그를 전혀 모릅니다!

❸ 她根本不同意你的看法。
그녀는 당신의 의견에 전혀 동의하지 않는다.

❹ 她根本没有出过国。她所知道的美国都是在电视上看到的，或者是在网上了解到的。
그녀는 전혀 출국한 적이 없다. 그녀가 아는 미국은 모두 TV에서 본 것이거나 인터넷에서 알게 된 것이다.

5 倒(倒是) 부사 그러나, 오히려

일반적인 상황과 상반됨을 나타낸다.

❶ 增长见识、增加经历倒常被他们挂在嘴边。
견문을 넓히고 경력을 쌓는다는 것은 그들이 자주 입에 담는 말이다.

❷ 平时她的数学成绩最差，这次倒考了全班第一名。
평소에 그녀의 수학 성적이 가장 저조했는데, 이번엔 오히려 반에서 1등을 했다.

❸ 你是妹妹？怎么看上去倒比姐姐年纪大？
당신이 여동생이에요? 어째서 부기엔 언니보디도 나이가 많아 보이나요?

❹ 真不好意思，我是主人，你这个客人倒请我吃了顿饭。
정말 면목이 없어요. 제가 주인인데, 손님인 당신이 오히려 저에게 식사를 대접하네요.

6 乃至(乃至于) 접속사 심지어

강조를 나타낸다. 일반적으로 병렬된 단어, 구 또는 절의 마지막 항 바로 앞에 사용되어 마지막 항이 가리키는 내용을 더 부각시킨다. 주로 문어에 사용되며 현대중국어에서 상용되는 문어투 허사 중 하나이다.

❶ 90后是网络时代的优先体验者，网络对他们的生活、学习乃至求职都产生了深刻影响。
90년대생은 인터넷 시대의 우선적인 체험자들이다. 인터넷은 그들의 생활과 공부 심지어 취업에도 중대한 영향을 미쳤다.

❷ 网络使人们的学习、工作乃至生活都发生了巨大的变化。
인터넷은 사람들의 학습, 업무 심지어 생활에 큰 변화를 일으켰다.

❸ 治理北京雾霾绝非一日之功，它需要十年、二十年乃至更长的时间。
베이징의 스모그 문제는 결코 하루 이틀의 노력으로 해결되지 않는다. 이것은 십 년, 이십 년 심지어 더 긴 시간이 필요하다.

❹ 一个城市的环境改善需要一代人乃至几代人的共同努力。
한 도시의 환경 개선은 한 세대 심지어 몇 세대의 공동 노력이 필요하다.

*雾霾 wùmái 스모그, 연기, 미세먼지

7 尽管 접속사 비록 ~라 하더라도

양보를 나타낸다. 후행절에는 '但(是)', '可(是)', '然而', '还是', '仍然', '却' 등의 호응어를 사용한다.

❶ 尽管有着不同的择业观念，但90后接受新兴事物能力强，具有创新意识。

비록 저마다 다른 직업 선택관이 있겠지만, 90년대생은 새로운 사물을 받아들이는 능력이 매우 뛰어나고 창의력도 갖추고 있다.

❷ 尽管他还发着烧，今天还是去上班了。

비록 그는 아직 열이 나지만 오늘 여전히 출근하였다.

❸ 尽管大家都反对，她仍然嫁给了那个比她小八岁的男人。

비록 모두가 반대했으나 그녀는 기어코 그녀보다 8살 어린 남자에게 시집을 갔다.

❹ 尽管苹果电脑贵一些，质量却很好，所以很多人都喜欢用苹果电脑。

비록 애플 컴퓨터가 조금 비싸긴 하지만, 품질이 좋아서 많은 이들이 애플 컴퓨터를 즐겨 사용한다.

美国大学生中国"淘金"潮

据《纽约时报》报道，近年来受金融危机影响，美国经济疲软，失业率居高不下，就业形势相当严峻。刚脱下学位服的美国大学毕业生纷纷把目光转向东方，部分毕业生开始尝试到北京、上海找工作。就连那些对汉语知之甚少，甚至一点不懂的人也跃跃欲试。中国蓬勃发展的经济、低廉的生活成本都是吸引这些年轻人的亮点。另外，还有一个因素吸引着他们：美国大学生毕业后如在当地就业需要立刻偿还所借政府贷款，而在中国就业则可以延迟还贷。更重要的是，在这里，他们有机会学到在美国学不到的东西。

约书亚·斯蒂芬斯2007年从美国卫斯理安大学毕业，并获得了"美国研究"专业学士学位。两年前，他到上海的一家教育旅游公司从事市场调研和项目策划工作。"我当时对中国一无所知。人们都以为我

疯了，不会说汉语还到中国来。但我就是想突破自己。"现在，他已经能够说一口流利的汉语。经过在一家非盈利机构和一家公关公司的历练，目前他在北京一家网络游戏公司任经理。

萨拉贝丝·伯尔曼2006年毕业于美国巴纳德学院，专业是"城市研究"。她二十三岁时初到北京，就得到了一个美国同龄人难以得到的职位，担任北京一家现代舞团项目总监。"尽管我的汉语很差，而且没有在中国工作的经历，舞团还是给我机会去筹划巡回演出，进行国际交流，在北京舞蹈节上编排、导演节

目……"两年的时间里，她陪同舞团游遍了中国、美国和欧洲的许多国家。许多中国公司想开拓美国市场，需要了解西方社会以及中西文化的差异，所以他们会直接聘用以英语为母语的雇员。这对于很多美国年轻人而言，意味着去中国工作可以跳过职业生涯之初的铺垫阶段，直接获得更高的职位。

其实，并非所有到中国"淘金"的外国人都有好运气。如今，在中国经济增速放缓的大背景下，就业形势的复杂和严峻仍在考验着中国数百万应届毕业生。相应地，外国人在中国的就业市场中，也似乎不再那么吃香了。正如《华尔街日报》所说，仅靠一张西方面孔就能在中国找到工作的好时候已经过去。强劲的经济增长也不意味着个人良好的就业前景。那些没有专业技能、中文较差的外国人，面对日趋激烈的竞争更不易取得成功。留学归来的中国人是外国人最大的竞争对手，他们拥有外国大学学位、多种语言技能和国际视野，是"更合格的求职者"。美国人力资源咨询公司翰威特的一项研究表明，对中国企业而言，雇用来自发达国家的员工，成本比招当地人高50%－200%。在中国的跨国公司仍需要外国人，但大多数是中高层职位，高学历和丰富的经验是最基本的要求。

📑 **본문의 내용에 근거하여 다음 문제에 대해 이야기해 보세요.**

1. 近年来部分美国大学毕业生为什么到中国去寻找就业机会?
中国在哪些方面吸引了这些求职者?

2. 美国大学毕业生选择到中国就业, 是否跟他们的专业和兴趣有关系?

3. 从约书亚·斯蒂芬斯的例子来看, 美国年轻人到中国就业所面临的第一个挑战是什么? 约书亚是怎么面对这个挑战的?

4. 从萨拉贝丝·伯尔曼的例子来看, 美国年轻人会在中国得到什么样的工作机会? 她为什么会得到这样的机会?

5. 文章中谈到的外国人在中国求职的困难和挑战有哪些?

6. 通过这篇文章你了解到了什么?
如果你想在毕业以后去中国找工作, 你会怎么做?
怎样才能尽快地学好中文并了解中国的职场文化?

🎧 2-4

1	淘金	táo//jīn	동 골드러시, 돈벌이하다, 큰돈을 벌다
2	潮	cháo	명 조류, 유행, 시류
3	疲软	píruǎn	형 피로하여 기운이 없는, 시세가 떨어진
4	失业率	shīyèlǜ	명 실업률
5	居高不下	jūgāo búxià	관용 계속 높은 곳에 있다
6	严峻	yánjùn	형 가혹한, 모진
7	学位服	xuéwèifú	명 학위복, 졸업 가운
8	目光	mùguāng	명 눈빛, 시야, 식견
9	转向	zhuǎnxiàng	동 방향을 바꾸다
10	尝试	chángshì	동 시험해 보다
11	知之甚少	zhīzhī shènshǎo	관용 아는 것이 너무 적다
12	跃跃欲试	yuèyuè yùshì	관용 해 보고 싶어 안달하다
13	蓬勃	péngbó	형 왕성한, 활기 있는
14	低廉	dīlián	형 싼, 저렴한
15	当地	dāngdì	명 수식 현지, 그 지방
16	偿还	chánghuán	동 갚다, 상환하다
17	贷款	dàikuǎn	명 대부금, 차관
18	延迟	yánchí	동 연기하다, 늦추다
19	贷	dài	동 어근 빌려주다, 대출하다
20	学士	xuéshì	명 학사
21	学位	xuéwèi	명 학위
22	旅游	lǚyóu	동 여행하다 명 여행
23	调研	diàoyán	동 조사 연구하다 명 조사 연구
24	一无所知	yìwú suǒzhī	관용 아는 것이 하나도 없다
25	疯	fēng	형 실성한
26	突破	tūpò	동 돌파하다
27	盈利	yínglì	동 이익을 보다 명 이익
28	公关	gōngguān	명 공공 관계, 홍보
29	历练	lìliàn	동 경험을 쌓다
30	游戏	yóuxì	명 유희, 게임
31	任	rèn	동 임명하다, 담당하다
32	同龄	tónglíng	동 나이가 같다

33	难以	nányǐ	부 ~하기 어렵다
34	职位	zhíwèi	명 직위
35	现代舞团	xiàndài wǔtuán	현대무용단
36	总监	zǒngjiān	명 총감독
37	筹划	chóuhuà	동 마련하다, 계획하다
38	巡回	xúnhuí	동 순회하다
39	舞蹈	wǔdǎo	명 춤
40	编排	biānpái	동 배열하다, 편성하다
41	导演	dǎoyǎn	명 감독 동 감독하다
42	陪同	péitóng	동 수행하다, 동반하다
43	游	yóu	동 어근 이리저리 다니다, 유람하다
44	开拓	kāituò	동 개척하다
45	差异	chāyì	명 차이, 다른 점
46	聘用	pìnyòng	동 초빙하여 임용하다
47	母语	mǔyǔ	명 모국어
48	雇员	gùyuán	명 피고용인
49	意味	yìwèi	동 의미하다
50	铺垫	pūdiàn	동 깔다, 복선을 깔다
51	运气	yùnqi	명 운수, 운세, 운명
52	缓	huǎn	형 느린
53	考验	kǎoyàn	동 시험하다, 시련을 주다
54	应届	yīngjiè	형 본기의, 당해년도의
55	相应	xiāngyìng	동 상응하다
56	吃香	chīxiāng	형 환영을 받다, 평판이 좋다
57	强劲	qiángjìng	형 강한, 세찬
58	前景	qiánjǐng	명 장래, 전망, 앞날
59	技能	jìnéng	명 기능, 솜씨
60	日趋	rìqū	부 나날이, 날로
61	激烈	jīliè	형 격렬한, 치열한
62	对手	duìshǒu	명 상대, 적수
63	拥有	yōngyǒu	동 보유하다, 소유하다
64	视野	shìyě	명 시야

65	合格	hégé	형 합격의
66	人力资源	rénlì zīyuán	인적 자원
67	雇用	gùyòng	동 고용하다
68	成本	chéngběn	명 원가, 생산비
69	招	zhāo	동 모집하다
70	跨国	kuàguó	형 국제적인

고유명사

1	纽约时报	Niǔyuē Shíbào	뉴욕 타임스(The New York Times)
2	约书亚·斯蒂芬斯	Yuēshūyà Sīdìfēnsī	인명 조슈아 스티븐스(Joshua Stephens)
3	卫斯理安大学	Wèisīlǐ'ān Dàxué	웨슬리언(Wesleyan)대학
4	萨拉贝丝·伯尔曼	Sàlābèisī Bó'ěrmàn	인명 사라베스 버먼(Sarabeth Berman)
5	巴纳德学院	Bānàdé Xuéyuàn	바너드 칼리지(Barnard College)
6	欧洲	Ōuzhōu	지명 유럽
7	华尔街日报	Huá'ěr Jiē Rìbào	월스트리트 저널(The Wall Street Journal)
8	翰威特	Hànwēitè	휴잇 어소시에이트사(Hewitt Associates Inc.)

3

华裔虎妈教女严
中西争论起 "硝烟"

중국계 '타이거 마더'의 엄격한 자녀 교육,
중서 간 논쟁의 '방아쇠'를 당기다

华裔虎妈教女严 中西争论起"硝烟"

2011年1月，美国《华尔街日报》以"为什么中国母亲更胜一筹？"为题，选登了新近出版的《虎妈战歌》这部书的一些片段。书的作者耶鲁大学法学教授蔡美儿在文中讲述了自己如何对两个女儿奉行"中国式严教"助其成才的经历。此文一发表，迅速在英美媒体和网络掀起了一场中西方教育观争论。那么蔡美儿是一个什么样的母亲，她的教育方法为什么会引发如此广泛的争论呢？

蔡美儿是华裔美国人，她丈夫是犹太裔美国人，夫妻俩都是耶鲁大学法学院的教授。他们有两个女儿：大女儿索菲亚，早年学习钢琴并取得了一定的成绩；小女儿露露自幼学习小提琴，后来兴趣转向网球。两个女儿都曾参加多项音乐比赛并获得过各种奖项。大女儿申请大学，结果哈佛大学和耶鲁大学都给她发了录取通知书。

蔡美儿秉持"中国式"的教育理念，对两个女儿实行严格的家教，做了很多规定，包括：不准夜不归宿、不准随便交友、不准看电视或玩电子游戏、不准擅自选择课外活动、不准有任何科目成绩低于A、只准学练钢琴与小提琴等。她对女儿十分严厉苛刻。比方说，在一个寒冷的冬日，蔡美儿为了培养孩子的兴趣，想教她还不到三岁的小女儿露露学弹钢琴，但遭到了女儿的拒绝。她对孩子说："如果你不听妈妈的，就不能待在屋里。你说，你到底是准备做个好孩子呢还是想到外面去？"她这种强制性的管教并没有起到作用，孩子仍然不听她的。虽然孩子只穿了很少的衣服，但她还是让孩子走到了门外，冻了很长时间。

蔡美儿从自己的育儿理念出发，总结出中西方家庭教育理念的三个不同。第一，西方家长极为关注孩子的自尊心，但中国家长更关心孩子的学习，并且相信只要督促他们努力，孩子就会成功。中国家长认为只有成功，才会建立起真正的自信，而不像西方家长那样通过不停地夸奖孩子来培养他们的自信心。第二，中国家长因为受儒家思想的影响，认为孩子应该绝对服从父母。具体表现就是孩子要听话，并让父母感到骄傲。但西方家长则认为，家长不应该越俎代庖，孩子也不必对家长唯命是从。第三，中国家长总是相信自己比孩子更知道他们需要什么，把自己的欲望和喜好强加于孩子身上，而西方家长则尊重孩子的愿望。

其实，大家的批评主要集中在一点上，即在教育孩子的过程中，家长所关注的到底应该是孩子的快乐还是成功。蔡美儿认为，孩子的学习及获得成功更为重要。孩子只对他们擅长的东西感兴趣，但要擅长，那就得努力学习。可是孩子们常常会畏惧学习的枯燥和艰苦，这就要依靠家长的监督和督促了。在她看来，西方家长总是顾及孩子一时一地的感受而任其随心所欲。她的这种观点，在西方无疑是不能接受的。因为西方的父母认为不论学习还是游戏都应该给孩子带来快乐和满足。

非常值得深思的是，对蔡美儿教育孩子的理念，很多批评和质疑之声不仅来自西方社会，也来自海外的华裔社区，甚至来自中国。有不少华裔母亲指出，在家庭教育方面没有绝对成功或失败的方法，只有是否适合自己孩

子的方法。蔡美儿的教育方式根本不能代表中国妈妈，她的许多方式过于严苛，且不近人情。

这篇文章所引发的中西方家庭教育的争论和冲突一时还不会消失，而这场没有硝烟的"战争"也很难分出胜负。无论是东方还是西方，家庭教育都先于学校教育，其重要性不容忽视。家长在孩子的成长过程中扮演什么样的角色，如何助其成才，值得全社会深入思考。

본문의 내용에 근거하여 다음 문제에 대해 이야기해 보세요.

1. 蔡美儿认为她的两个女儿成才的原因是什么？

2. 你怎么看蔡美儿做的规定？露露的例子说明了什么？

3. 说说你的父母对你的教育方式。你对那种方式有什么看法？

4. 对于蔡美儿总结的中西方教育理念，你有什么看法？

5. 如果你是家长，你会关注孩子的快乐还是成功？为什么？

6. 对蔡美儿的教育方式，批评的声音还有来自中国的，这说明了什么问题？

7. 为什么家庭教育很重要？

生词 단어

3-2

1	华裔	Huáyì	명 중국인 후예, 외국에 살고 있는 중국인, 화교의 자녀
2	虎	hǔ	명 어근 호랑이, 용감한, 씩씩한
3	严	yán	형 엄격한
4	硝烟	xiāoyān	명 화약 연기
5	筹	chóu	어근 수, 계책, 마련하다
6	新近	xīnjìn	부 최근, 요즘
7	战	zhàn	동 어근 싸우다, 전투, 전쟁
8	片段	piànduàn	명 토막, 단편, 부분, 일부
9	法学	fǎxué	명 법학
10	讲述	jiǎngshù	동 진술하다, 강술하다, 서술하다, 이야기하다
11	奉行	fèngxíng	동 (법률·정책 등을) 받들어 시행하다
12	中国式	Zhōngguóshì	명 중국식
13	助	zhù	동 돕다
14	成才	chéng//cái	동 인재가 되다, 쓸모 있는 사람이 되다
15	媒体	méitǐ	명 (뉴스) 미디어, 언론
16	犹太裔	Yóutàiyì	명 유대인, 유대계
17	法学院	fǎxuéyuàn	명 로스쿨
18	早年	zǎonián	명 여러 해 전, 오래 전
19	钢琴	gāngqín	명 피아노
20	自幼	zìyòu	어려서부터
21	小提琴	xiǎotíqín	명 바이올린
22	奖项	jiǎngxiàng	명 상
23	申请	shēnqǐng	동 신청하다 명 신청
24	录取	lùqǔ	동 채용하다, 합격시키다
25	通知书	tōngzhīshū	명 통지서
26	秉持	bǐngchí	동 움켜쥐다, (규칙 등을) 굳게 지키다
27	理念	lǐniàn	명 이념, 개념, 신념
28	家教	jiājiào	명 가정 교육
29	归	guī	동 돌아가다, 돌아오다
30	宿	sù	동 어근 숙박하다, 묵다
31	电子	diànzǐ	명 수식 전자, 전자의
32	擅自	shànzì	부 제멋대로, 독단적으로

33	课外	kèwài	몡 과외수
34	科目	kēmù	몡 교과목, 과목
35	低于	dīyú	동 ~보다 낮다
36	严厉	yánlì	혱 호된, 매서운, 엄격한
37	苛刻	kēkè	혱 (조건·요구 등이) 가혹한, 모진
38	比方	bǐfang	동 예를 들다 몡 예시
39	培养	péiyǎng	동 배양하다, 양성하다
40	强制性	qiángzhìxìng	몡 강제성 혱 강제적인
41	管教	guǎnjiào	동 가르치다, 훈육하다
42	自尊心	zìzūnxīn	몡 자존심
43	督促	dūcù	동 감독하다, 재촉하다, 독촉하다
44	自信(心)	zìxìn(xīn)	몡 자신감
45	夸奖	kuājiǎng	동 칭찬하다, 찬양하다
46	儒家	rújiā	몡 유가, 유학자
47	听话	tīng//huà	동 말을 듣다, 순종하다
48	越俎代庖	yuèzǔ dàipáo	관용 월권행위를 하다, 주제넘게 나서서 남의 일을 해주다
49	唯命是从	wéimìng shìcóng	관용 불평하지 않고 시키는 대로 절대 복종하다
50	欲望	yùwàng	몡 욕망, 바람
51	喜好	xǐhào	몡 선호 동 좋아하다
52	强加	qiángjiā	동 강제하다
53	身上	shēnshang	몡 (생리적인) 몸, 수중
54	尊重	zūnzhòng	동 존중하다, 중시하다
55	擅长	shàncháng	동 장기가 있다, 능숙하다
56	畏惧	wèijù	동 무서워하다, 두려워하다
57	枯燥	kūzào	혱 바싹 마르다, 무미건조하다
58	监督	jiāndū	동 감독하다, 감시하다 몡 감독, 감시
59	顾及	gùjí	동 ~의 일까지 걱정하다, 돌보다
60	感受	gǎnshòu	몡 느낌 동 느끼다, 받다
61	随心所欲	suíxīn suǒyù	관용 자기 하고 싶은 대로 하다
62	无疑	wúyí	동 의심할 바 없다
63	质疑	zhìyí	동 의심하다, 질의하다, 물어보다
64	海外	hǎiwài	몡 해외

65	社区	shèqū	명 지역사회, 공동체
66	严苛	yánkē	형 가혹한, 냉혹한
67	不近人情	bújìn rénqíng	관용 인지상정에 어긋나다
68	冲突	chōngtū	동 충돌하다, 부딪치다 명 충돌, 마찰, 모순
69	胜负	shèngfù	명 승부
70	重要性	zhòngyàoxìng	명 중요성
71	不容忽视	bùróng hūshì	관용 간과할 수 없다, 무시할 수 없다
72	扮演	bànyǎn	동 ~의 역을 맡다
73	角色	juésè	명 배역, 역할
74	思考	sīkǎo	동 사고하다, 깊이 생각하다

고유명사

1	耶鲁大学	Yēlǔ Dàxué	예일(Yale)대학
2	蔡美儿	Cài Měi'ér	인명 에이미 추아(Amy L. Chua)
3	索菲亚	Suǒfēiyà	인명 소피아(Sophia)
4	露露	Lùlù	인명 룰루(Lulu)
5	哈佛大学	Hāfó Dàxué	하버드(Harvard)대학

词语注释 표현 해설

1 형태소

1 −述/述− : 진술하나, 서술하다

예 **讲述** 강술하다 | **叙述** 서술하다 | **重述** 다시 말하다 | **略述** 약술하다 | **述说** 진술하다

2 −行/行− : 하다, 실행하다, 실시하다

예 **奉行** 받들어 시행하다 | **执行** 집행하다 | **举行** 거행하다 | **实行** 실행하다 | **施行** 시행하다 | **试行** 시험 삼아 해보다 | **行医** 의료 행위를 하다 | **行骗** 사기를 치다 | **行之有效** 실행함에 효과가 있다

3 引− : 일으키다, 출현하게 하다

예 **引发** 일으키다 | **引出** 끌어내다 | **引起** 야기하다 | **引燃** 불을 붙이다 | **抛砖引玉** 벽돌을 던져서 구슬을 끌어들이다, 타인의 고견을 듣기 위해 먼저 미숙한 의견을 내놓다

4 −定 : 결정하다, 확정하게 하다

예 **制定** 제정하다 | **指定** 지정하다 | **预定** 예정하다 | **决定** 결정하다 | **规定** 규정하다 | **商定** 상의하여 결정하다

5 −自/自− : 자기

예 **擅自** 제멋대로 | **私自** 자기의 생각대로 | **独自** 독자적으로 | **亲自** 친히 | **自动** 자발적으로 | **自爱** 자신을 소중히 여기다 | **自卫** 스스로 지키다

6 强−(2) : 강제로 시키다, 강요하다

예 **强制** 강제하다 | **强迫** 강요하다 | **强加** 강압하다 | **强占** 무력으로 점령하다

7 关－ : 중시하다, 관심을 가지다

예 **关注** 배려하다 │ **关心** 관심을 가지다 │ **关切** 친절하다 │ **关怀** 관심을 보이다 │ **关照** 돌보다

8 －从 : 순종하다, 복종하다

예 **服从** 복종하다 │ **依从** 따르다 │ **顺从** 순종하다 │ **听从** 따르다 │ **力不从心** 할 마음은 있으나 힘이 따르지 못하다 │ **唯命是从** 불평하지 않고 시키는 대로 복종하다

9 －督 / 督－ : 감독하다, 지휘하다

예 **监督** 감독하다 │ **督察** 감찰하다 │ **督促** 재촉하다 │ **督办** 관리하다 │ **督战** 전투를 독려하다

❷ 성어와 숙어

❶ 越俎代庖 자신의 업무 범위를 벗어나 다른 사람의 일을 대신 처리하다

'越'는 '넘다', '俎'는 제사 지낼 때 쓰는 '세기', '庖'는 '요리사'라는 의미이다.

❶ 西方家长认为，家长不应该越俎代庖，孩子也不必对家长唯命是从。
서양 부모는 부모라고 해서 월권행위를 해서는 안 되며, 아이도 꼭 부모의 말에 무조건 따라야 하는 것은 아니라고 여긴다.

❷ 如果父母总是越俎代庖、替孩子解决生活和学习上的问题，那么孩子就容易事事依赖父母。
만일 부모가 늘 나서서 아이들의 생활과 공부에서의 문제를 대신 해결해 주면 아이가 모든 일을 부모에게 의존하기 쉬워진다.

❸ 这个问题应该由经理来决定，你不能越俎代庖。
이 문제는 대표가 결정해야지 당신이 월권행위를 해서는 안 된다.

❹ 弱小国家也应该享有独立自主的权利，大国强权不可越俎代庖。
약소국가도 독립적이고 자주적인 권리를 향유해야 하며, 강대국이 강권으로 월권행위를 해서는 안 된다.

❷ 唯命是从 조금도 반항하지 않고 명령에 복종하다

❶ 西方家长认为，家长不应该越俎代庖，孩子也不必对家长唯命是从。
서양 부모는 부모라고 해서 월권행위를 해서는 안 되며 아이도 꼭 부모의 말에 무조건 따라야 하는 건 아니라고 여긴다.

❷ 一个好的领导不会喜欢唯命是从的下属，有独立见解的人更容易得到赏识。
좋은 지도자는 무조건 명령에 복종하는 아랫사람을 좋아하지 않기에 독립적인 견해를 가진 사람이 더 높은 평가를 쉽게 받을 것이다.

❸ 只有奴才对主子才会唯命是从，在现代社会中，人和人的关系是平等的。
노예만이 주인의 말에 무조건 복종한다. 현대 사회에서는 인간과 인간의 관계는 평등한 것이다.

❹ 他表面上对你唯命是从，其实背后做的是另一套。
그는 표면적으로는 너에게 복종하는 것 같지만 사실 뒤에서는 다른 짓을 한다.

3 **随心所欲** 자신의 뜻에 따라 하고 싶은 대로 하다

❶ 在她看来，西方家长总是顾及孩子一时一地的感受而任其随心所欲。

그녀가 보기에 서양 학부모는 늘 아이의 일시적인 감정만 고려해서 자녀가 하고 싶어 하는 대로 방임한다.

❷ 他习惯了随心所欲、自由自在的生活，受不了别人的管制。

그는 자기가 하고 싶은 대로 하는 자유로운 생활에 익숙해져서 다른 사람의 통제를 참지 못한다.

❸ 任何人在社会上都要遵纪守法，不能随心所欲、破坏法律去满足个人的私欲。

모든 사람은 사회에서 규칙과 법규를 지켜야 한다. 사리사욕을 채우기 위해 자기 마음대로 하거나 법률을 파괴해서는 안 된다.

❹ 军队纪律严明，是最不能随心所欲的地方。

군대는 규율이 엄격하다. 가징 미옴대로 할 수 없는 곳이다.

3 어구와 문형

1 曾(曾经) [부사] 일찍이

예전에 어떤 행위나 상황이 있었던 적이 있음을 나타낸다. 동사 뒤에는 일반적으로 '过'를 사용하거나 '了'를 사용할 수 있다. 부정 형식은 [没有+동사+过] 혹은 [不曾/未曾+동사+(过)]로 표현한다.

❶ 两人都曾参加多项音乐比赛并获得过各种奖项。
두 사람 모두 음악 콩쿠르에 나가 여러 차례 상을 받은 바 있다.

❷ 他曾经跟我在同一个公司工作过几年。
그는 예전에 나와 같은 회사에서 몇 년 동안 일한 적이 있다.

❸ 这样的情况，我未曾经历过。
이런 상황을 나는 아직 겪어 본 적이 없다.

❹ 除了餐馆服务员以外，他不曾做过其他工作。
식당 종업원 외에 그는 다른 일을 해 본 적이 없다.

2 到底 [부사] 마침내, 결국, 도대체

따지거나 추궁할 때 자주 사용한다. 동사나 형용사, 혹은 주어 앞에 온다.

❶ 你到底是准备做个好孩子呢还是想到外面去？
너는 도대체 좋은 애가 될래 아니면 밖으로 쫓겨날래?

❷ 你到底同意不同意我的建议？
너는 도대체 나의 제안에 동의하니 안 하니?

❸ 你们到底什么时候去中国？
너희들은 도대체 언제 중국에 가니?

❹ 人们无法猜测他到底有多少财产。
사람들은 그가 도대체 재산을 얼마나 가지고 있는지 추측할 수가 없다

3 仍然(仍旧，仍) 부사 여전히, 아직도, 이전처럼

어떤 상황이 여전히 변하지 않았음을 나타낸다. 동사, 형용사를 수식하며 주로 문어에 쓰인다. 구어에서는 '还是'를 더 많이 쓴다.

❶ 她这种强制性的管教并没有起到作用，孩子仍然不听她的。

그녀의 이러한 강제적인 훈육도 별다른 효과가 없었는지 아이는 여전히 그녀의 말을 듣지 않았다.

❷ 大家都不同意她的看法，但是她仍然坚持自己的意见。

모두가 그녀의 견해에 동의하지 않았지만 그녀는 여전히 자신의 의견을 고수한다.

❸ 她离开故乡三十多年了。这次回来，她发现这个地方仍然没有多大的改变。

그녀가 고향을 떠난 지 30여 년이 흘렀다. 이번에 돌아와서 그녀는 이곳이 여전히 별다른 변화가 없다는 것을 알았다.

❹ 虽然已经是二十多岁的成人了，可是他仍旧喜欢看动画片，去游乐场，玩小孩子的游戏。

비록 이미 20대의 성인이 되었지만, 그는 여전히 만화를 보거나 놀이공원에 가거나 어린이용 게임을 좋아한다.

4 只有……才/还…… ~해야지만 비로소 ~하다

접속사 '只有'는 이것이 아니면 안 된다는 유일한 조건을 나타낸다. 뒤에 부사 '才'를 써서 호응하고, 때로는 '还'도 사용한다.

❶ 只有成功，才会建立起真正的自信。

성공해야만 비로소 진정한 자신감을 가질 수 있다.

❷ 除了你以外，他谁的话都不听。只有你才能说服他。

너를 제외하고 그는 누구의 말도 듣지 않는다. 오직 너만이 그를 설득할 수 있다.

❸ 我们只有去向他当面解释，才有可能消除误会。

우리가 가서 그에게 직접 해명해야 오해를 없앨 수 있다.

❹ 因为空气污染，北京的夏天常有雾霾，又闷又热。只有下过雨以后才舒服一些。

공기 오염으로 인해 베이징의 여름은 항상 스모그가 있어 답답하고 덥다. 비가 내리고 난 다음에야 그나마 좀 쾌적하다.

❺ 我觉得别的方案都不好，只有小李的方案还可以考虑一下。

제 생각에 다른 방안은 모두 별로이고, 샤오리의 방법만 그나마 고려해 볼 만한 것 같아요.

5 **不论(无论)** 접속사 막론하고, ~든지

임의 지시를 나타내는 의문대명사(哪儿，谁，谁的，哪个，什么，怎么，多少 등)나 선택관계(还是，A不A 등)를 나타내는 병렬성분이 있는 문장 안에서 임의의 조건 아래 결과나 결론에 변화가 없음을 나타낸다. 뒤에 '都'나 '也'를 사용하여 호응한다.

❶ 西方的父母认为不论学习还是游戏都应该给孩子带来快乐和满足。
서양 부모는 공부든 게임이든 아이에게 즐거움과 만족감을 가져다 줄 수 있어야 한다고 생각한다.

❷ 无论是东方还是西方，家庭教育都先于学校教育。
동양과 서양을 막론하고 가정 교육은 학교 교육에 우선한다.

❸ 他很喜欢帮助别人，大家不论有什么事，都愿意找他。
그는 다른 사람을 도와주는 것을 매우 좋아하기 때문에 모두가 무슨 일만 생기면 그를 찾고 싶어 한다.

❹ 爱是无法用金钱买来的。无论你有多少钱，也买不到真正的爱情。
사랑은 돈으로 살 수 없는 것이다. 당신에게 아무리 돈이 많더라도 진정한 사랑을 살 수는 없다.

❺ 生老病死是人生必有的经历。无论你喜不喜欢，都无法逃脱这些经历。
생로병사는 인생에서 반드시 겪게 되는 경험이다. 당신이 원하든 원하지 않든 이 경험에서 벗어날 수 없다.

"成人青少年"——美国新一代啃老族

　　啃老族，在中国也叫"吃老族"或"傍老族"，是指那些衣食住行全靠父母的年轻人。他们并非找不到工作，而是主动放弃了就业的机会，赋闲在家，靠父母养活。在美国也有很多二十多岁和三十多岁的年轻人靠他们的父母生活，这样的人英文叫Adultoles，意思是"成人青少年"。

　　二十四岁的艾琳娜从史密斯大学毕业后只找到了一份收入不高的工作，去年又搬回了芝加哥的家中，与同是医生的父母一起住。父母二人都感到很高兴，因为他们的理念就是要让孩子有足够的安全感。来年秋天，艾琳娜将会去上研究生；她的妹妹，来年春天于斯坦福大学毕业，也会搬回来。美国到处都有这样的父母，还在试图抚养已经二十多岁的孩子。他们或者把客厅改造成卧室给孩子住，或者付钱让他们上研究生，或者继续支付孩子的房租和保险费。结果这些青年就成了"成人青少年"。

　　这些已经长大的孩子们看起来非常享受父母的保护，并不认为成年以后还跟父母同住是丢脸的。根据2000年的统计，在二十四到三十四岁年龄段的青年人中，几乎有将近四百万人和父母同住。有迹象表明越来越多的父母会欢迎已经长大了的孩子搬回家来住。近日，工作搜寻网站TRAK.com做了一份调查，60%的大学生打算毕业后和父母同住，21%的人打算和父母同住一年以上。

　　和上一代人不同，"成人青少年"并不以和父母同住为耻。他们不再渴望实现传统意义上的独立，即在大学毕业几年后成家、生子、买房、在财政上完全独立。现在美国人第一次结婚的平均年龄是二十六岁，而1970年的平均年龄是二十二岁，第一次生孩子的年龄则推后了十年甚至更长时间。形成目前这种状况的原因是多方面的，包括就业竞争激烈，高薪工作又通常要求硕士以上学位等。

另外，几十年来房价不断上涨，对于大多数三十岁以下的人来说，买房只能是个空想。

　　除了经济上的困难以外，还有一些心理上的原因使这些完全有能力的大学毕业生还要靠父母生活。马里兰大学心理学家杰弗里·阿恩特说："我看到现在两代人之间的关系处于二战以来的最亲密时期。这些年轻人的确非常喜欢和崇拜自己的父母。"但也有人认为，对孩子来说，这是一种危险的从属依赖关系；对父母来说，则是参与过度，而这种做法对于孩子的成长和独立没有任何好处。

本문의 내용에 근거하여 다음 문제에 대해 이야기해 보세요.

1. 在美国 "成人青少年" 是指什么样的人？在你们国家也有这样的人吗？在你们国家这样的年轻人被称作什么？

2. "成人青少年" 为什么在大学毕业后搬回家去跟父母住？一般来说，美国父母对这样的做法是什么态度？

3. "成人青少年" 这个群体和现象的出现说明了什么？有哪些社会或者经济原因造成了这种状况？

4. 除了社会和经济的原因以外，还有什么因素促成了 "成人青少年" 的社会现象？

5. 你对这个社会现象怎么看？在你看来，面对就业难、物价高、购房贵等问题，应该怎么办？

3-4

1	成人	chéngrén	명 성인
2	青少年	qīngshàonián	명 청소년
3	啃老族	kěnlǎozú	명 캥거루족
4	族	zú	명 어근 민족, 종족, 동일한 특징을 가진 사람이나 사물을 분류한 것
5	傍	bàng	동 인접하다, 다가가다, 기대다, 달라붙다
6	衣食住行	yī shí zhù xíng	관용 의식주행
7	并非	bìngfēi	동 결코 아니다
8	赋闲	fùxián	동 직업 없이 놀다
9	养活	yǎnghuó	동 기르다, 부양하다
10	安全感	ānquángǎn	명 안전감, 안정감
11	来年	láinián	명 이듬해, 다음해
12	研究生	yánjiūshēng	명 대학원생
13	试图	shìtú	동 시도하다
14	抚养	fǔyǎng	동 부양하다, 정성 들여 기르다
15	客厅	kètīng	명 거실
16	卧室	wòshì	명 침실
17	支付	zhīfù	동 지불하다
18	房租	fángzū	명 집세, 임대료
19	保险费	bǎoxiǎnfèi	명 보험료
20	看起来	kànqǐlái	보기에, 보아하니
21	成年	chéngnián	동 성인이 되다
22	丢脸	diū//liǎn	동 창피하다
23	青年人	qīngniánrén	명 청년, 젊은이
24	将近	jiāngjìn	부 거의
25	迹象	jìxiàng	명 흔적, 자취
26	长大	zhǎngdà	자라다, 성장하다
27	搜寻	sōuxún	동 여기저기 찾다, 돌아다니며 찾다
28	网站	wǎngzhàn	명 웹사이트
29	耻	chǐ	어근 부끄러움, 수치
30	渴望	kěwàng	동 갈망하다
31	成家	chéng//jiā	동 가정을 꾸리다, 결혼하다

32	财政	cáizhèng	몡 재정
33	高薪	gāoxīn	몡 높은 임금, 고연봉
34	通常	tōngcháng	閉 통상적으로, 일반적으로
35	硕士	shuòshì	몡 석사
36	房价	fángjià	몡 집값
37	上涨	shàngzhǎng	동 오르다, 상승하다
38	空想	kōngxiǎng	몡 공상 동 공상하다, 상상하다
39	心理学	xīnlǐxué	몡 심리학
40	处于	chǔyú	동 (어떤 상황이나 환경에) 처하다
41	亲密	qīnmì	혱 친밀한, 사이가 좋은
42	崇拜	chóngbài	동 숭배하다 몡 숭배
43	从属	cóngshǔ	혱 종속된, 따르는
44	依赖	yīlài	동 의존하다, 기대다
45	过度	guòdù	혱 과도한, 지나친

고유명사

1	艾琳娜	Àilínnà	인명 엘레나(Elena)
2	史密斯大学	Shǐmìsī Dàxué	스미스(Smith)대학
3	芝加哥	Zhījiāgē	지명 시카고(Chicago)
4	斯坦福大学	Sītǎnfú Dàxué	스탠포드(Stanford)대학
5	马里兰大学	Mǎlǐlán Dàxué	메릴랜드(Maryland)대학
6	杰弗里·阿恩特	Jiéfúlǐ Ā'ēntè	인명 제프리 아네트(Jeffrey Arnett)
7	二战	Èrzhàn	제2차 세계대전

4

多元文化冲击 "圣诞节"世俗化

다문화의 영향, '크리스마스'의 세속화

🎧 4-1

多元文化冲击 "圣诞节"世俗化

近年来，随着全球化的发展，"圣诞节"这个传统的西方节日也受到了多元文化的冲击。在欧美国家，"圣诞节"的宗教色彩越来越淡。在其他国家，随着"圣诞节"宗教色彩的淡化和节日引发的商机，越来越多的人开始庆祝这个节日。

过去，在天主教和基督教教徒占人口绝大多数的国家，圣诞节是所有人的节日。但现在，情况已发生了改变。比如，在英国、法国、加拿大等国家，随着来自亚洲等地的移民逐年增加，尽管圣诞节的传统在延续，但它的宗教意味却越来

越淡。与此同时，圣诞节的内容和形式也引发了一些争议。该不该摆圣诞树，能不能祝别人"圣诞快乐"，圣诞卡上画圣诞老人还是画圣婴耶稣，已成为人们讨论的热门话题。有关圣诞节的争论，其实是欧美社会多元化之后的必然现象。中国人常常抱怨"年味"越来越淡，但那基本上是对民俗与传统消失的一种伤感，不会导致某种对抗。然而，欧美国家圣诞节的"圣味"是否变淡，则涉及各种价值观、族群、信仰者团体利益的交锋。

据报道，在加拿大这个具有多元文化的国家，很多人认为庆祝圣诞节，是对其他宗教信徒的冒犯。比如，由于公司管理人员担心庆祝圣诞会引发不平，伤害其他族裔的感情，很多公司近年来一律将"圣诞节"改称为"节日"，"圣诞树"改叫"节日树"，"圣诞快乐"改为"节日快乐"。民间尚且如此，加拿大官方机

构就更小心了，有些政府部门明令禁止在办公室挂圣诞节日的装饰。在有一千多年基督教传统的英国，圣诞节一直是个隆重的大节日。可是近年来，圣诞以前，不少英国人却问："你知道圣诞节快到了吗？"因为圣诞节的气氛越来越淡了。据《约克郡邮报》的一份统计，今年有四分之三的英国公司禁止在办公室里摆放圣诞树和其他节日装饰。

在中国，"圣诞节"这个从西方"舶来"的传统宗教节日，在人们的生活中已被赋予了新的含义。在四九，平安夜的时候，人们或者在家中聚会，或者去教堂做弥撒。而中国人的圣诞体现出了中国特色：圣诞节的商机被充分利用，圣诞前夕是年度销售额最大的日子。年轻的情侣们经常把圣诞节当作一个浪漫的日子。圣诞节去滑冰场和游乐园是非常流行的庆祝方式。还有一些电影院、KTV、酒吧等娱乐场所，也纷纷打出自己的圣诞牌。美国耶鲁在线网站上还有人说："大多数庆祝这个节日的时髦人士对圣诞节的宗教含义只有模糊的认识。"对北京人进行

的随机采访表明，许多人把它看作"圣诞老人日"。现在，大多数中国人只把圣诞节作为一种新奇的事物来庆祝。有人认为过圣诞节可以提前感受新年的气氛。同时，与朋友、同事聚会，也可以拉近彼此的感情。还有人认为，忙碌了一年，可以通过圣诞节放松一下。

现在的圣诞节已不再是传统的基督教节日。不论是其宗教意义在欧美的淡化，还是它在其他国家的流行，都是多元文化冲击的必然结果。

본문의 내용에 근거하여 다음 문제에 대해 이야기해 보세요.

1. 圣诞节的宗教色彩为什么越来越淡？

2. 在文章中指出了哪些对圣诞节内容和形式上的争议？

3. 圣诞节的时候，加拿大公司的管理人员和官方机构会怎么做？

4. 圣诞节在英国有什么变化？

5. 中国人怎么过圣诞节？

6. 你觉得在你们国家的圣诞节有变化吗？
　　如果有，有哪些变化？是什么原因造成的？

生词

4-2

1	多元	duōyuán	수식 다원적인, 다방면의, 다양한
2	冲击	chōngjī	동 세차게 부딪치다, 충돌하다
3	世俗	shìsú	명 세속
4	全球化	quánqiúhuà	명 글로벌화, 국제화, 세계화
5	受到	shòudào	받다
6	宗教	zōngjiào	명 종교
7	色彩	sècǎi	명 색채
8	淡化	dànhuà	동 희미해지다
9	商机	shāngjī	명 사업 기회, 상업 기회
10	天主教	tiānzhǔjiào	명 천주교
11	基督教	jīdūjiào	명 기독교
12	教徒	jiàotú	명 신자, 신도, 교도
13	绝大多数	jué dàduōshù	절대다수
14	移民	yí//mín	동 이민하다 명 이민한 사람
15	逐年	zhúnián	부 해마다, 매년
16	延续	yánxù	동 계속하다, 연장하다
17	意味	yìwèi	명 의미, 뜻
18	争议	zhēngyì	동 논쟁하다
19	圣诞	shèngdàn	명 크리스마스, 예수의 탄생일
20	卡	kǎ	명 어근 카드
21	热门	rèmén	명 유행하는 것, 인기 있는 것
22	话题	huàtí	명 화제, 주제
23	抱怨	bàoyuàn	동 원망하다
24	味	wèi	어근 맛, 느낌, 정취
25	基本上	jīběnshang	부 기본적으로
26	民俗	mínsú	명 민속
27	伤感	shānggǎn	형 슬퍼하는, 비애에 잠기는, 감상적인
28	对抗	duìkàng	동 반항하다, 대항하다 명 반항, 대항
29	圣	shèng	어근 성스러운, 신성한
30	族群	zúqún	명 집단, 사회 계층
31	信仰	xìnyǎng	동 믿다 명 신앙
32	团体	tuántǐ	명 단체

33	交锋	jiāo//fēng	통 교전하나, 낮붙나 명 교선
34	信徒	xìntú	명 신도, 신자
35	冒犯	màofàn	통 무례한 짓을 하다, 실례하다 명 무례, 실례
36	一律	yílǜ	부 일률적으로
37	伤害	shānghài	통 손상시키다, 해치다
38	民间	mínjiān	명 수식 민간
39	尚且	shàngqiě	접 ~조차 ~한데, 그럼에도 불구하고, 그래도
40	官方	guānfāng	명 수식 정부 당국, 정부측
41	明令	mínglìng	명 명문화(明文化)하여 공포한 법령 통 명백하게 명령하다
42	装饰	zhuāngshì	통 장식하다 명 장식
43	隆重	lóngzhòng	형 성대한, 장중한, 엄숙한
44	气氛	qìfēn	명 분위기
45	舶来	bólái	수입되다
46	赋予	fùyǔ	통 부여하다, 주다
47	含义	hányì	명 내포된 뜻, 함의
48	平安夜	píng'ānyè	명 크리스마스이브
49	聚会	jùhuì	통 모이다, 회합하다 명 모임
50	教堂	jiàotáng	명 교회, 예배당
51	弥撒	mísa	명 미사
52	特色	tèsè	명 특색
53	前夕	qiánxī	명 전날 밤, 전야
54	年度	niándù	명 수식 연도
55	销售	xiāoshòu	통 판매하다, 팔다
56	额	é	명 어근 일정한 수량
57	情侣	qínglǚ	명 연인, 애인
58	当作	dàngzuò	통 ~로 삼다
59	浪漫	làngmàn	형 낭만적인, 로맨틱한
60	游乐	yóulè	통 놀며 즐기다
61	园	yuán	어근 (관람·오락 따위를 위한) 공공장소
62	流行	liúxíng	형 유행하는
63	酒吧	jiǔbā	명 바, 술집

64	场所	chǎngsuǒ	몡 장소
65	在线网站	zàixiàn wǎngzhàn	온라인 웹사이트
66	人士	rénshì	몡 인사, 명망 있는 사람
67	模糊	móhu	혱 모호한, 분명하지 않은
68	随机	suíjī	뷔 무작위의, 랜덤
69	看作	kànzuò	동 ~로 보다, ~로 간주하다
70	新奇	xīnqí	혱 신기한, 새로운, 낯선
71	同事	tóngshì	몡 동료
72	拉近	lājìn	친한 체 하다, 가까이 끌어당기다
73	忙碌	mánglù	혱 바쁜
74	放松	fàngsōng	동 늦추다, 느슨하게 하다, 힘을 빼다

고유명사

1	圣诞节	Shèngdàn Jié	크리스마스
2	欧美	Ōu Měi	서구, 유럽과 미국
3	法国	Fǎguó	국명 프랑스
4	加拿大	Jiānádà	국명 캐나다
5	亚洲	Yàzhōu	지명 아시아
6	圣诞老人	Shèngdàn Lǎorén	산타클로스
7	圣婴	Shèngyīng	성스러운 아기
8	耶稣	Yēsū	인명 예수
9	约克郡邮报	Yuēkè Jùn Yóubào	요크셔 포스트(The Yorkshire Post)

词语注释 _{표현 해설}

❶ 형태소

1 **一化** : ~화 하다

접미사로 명사나 형용사 뒤에 붙어 동사를 구성한다. 영어의 '–ize' 혹은 '–ify'에 해당한다.

> 예 **全球化** 글로벌화하다 | **世俗化** 세속화하다 | **淡化** 희미해지다, 담수화하다 | **绿化** 녹화하다 | **工业化** 산업화하다 | **现代化** 현대화하다 | **多元化** 다원화하다 | **多样化** 다양화하다 | **扩大化** 과장하다, 확대하다 | **合理化** 합리화하다 | **庸俗化** 저속화하다 | **表面化** 표면화하다 | **大众化** 대중화하다

2 **一额** : 규정된 수량

> 예 **销售额** 판매액 | **营业额** 영업액 | **余额** 잔금, 잔고 | **金额** 금액 | **名额** 정원, 인원수 | **数额** 일정한 수, 정액 | **总额** 총액

3 **商一** : 상업, 사업

> 예 **商机** 사업 기회 | **商业** 상업 | **商人** 상인 | **商店** 상점 | **商家** 가게, 점포 | **商行** shānghàng 비교적 큰 상점, 상사 | **商品** 상품 | **商界** 상업계, 실업계

4 **一味** : 맛

> 예 **年味** 연말연시의 느낌 | **滋味** 맛, 재미, 기분 | **甜味** 단맛 | **咸味** 짠맛 | **风味** 기분, 독특한 맛, 풍미 | **香味** 향기, 향긋한 냄새 | **怪味** 이상한 냄새나 맛 | **五味俱全** 온갖 맛을 다 갖추다, 만감이 교차하다

5 **一裔** : 후예, 후손

> 예 **族裔** 종족의 후손 | **华裔** 화교의 자녀, 중국계 | **亚裔** 아시아계 | **后裔** 후예, 후손 | **犹太裔** 유대계

6 一予 : 주다

> 예 赋予 부여하다 | 给予 주다 | 授予 수여하다 | 赐予 하사하다 | 赠予 증여하다

7 同一 : 같은, 동일한

> 예 同事 동료 | 同学 학우, 동학 | 同班 같은 반 | 同校 같은 학교 | 同年 같은 해 | 同窗 동창

❷ 어구와 문형

1 随着 전치사 ~함에 따라

문장의 맨 앞이나 동사 앞에 사용되어 동작이나 행위, 사건이 일어나기 위한 조건을 나타낸다. 일반적인 형식은 [随着 + 명사/동사구]이다.

❶ 近年来，随着全球化的发展，"圣诞节"这个传统的西方节日也受到了多元文化的冲击。
최근 몇 년 동안 글로벌화의 발전에 따라 전통적인 서양 명절인 '크리스마스'도 다문화의 영향을 받고 있다.

❷ 在其他国家，随着"圣诞节"宗教色彩的淡化和节日引发的商机，越来越多的人开始庆祝这个节日。
다른 국가에서는 '크리스마스'의 종교적 색채 희석과 명절 특수에 따라 갈수록 많은 사람들이 이 명절을 축하하기 시작했다.

❸ 在中国，随着生活水平的提高，很多人都买了车。
중국에서는 생활 수준이 향상됨에 따라 많은 사람들이 차를 샀다.

❹ 随着时间的推移，他的工作经验越来越丰富。
시간이 흐르면서 그의 업무 경험이 갈수록 풍부해졌다.

❺ 随着电脑和网络的发展，我们已经进入了高科技时代。
컴퓨터와 인터넷의 발달로 우리는 이미 하이테크 시대로 들어섰다.

❻ 随着年龄的增长，小张越来越成熟懂事了。
나이가 들면서 샤오장은 점점 더 성숙해지고 철이 들었다.

2 基本上 부사 1. 기본적으로, 주로, 거의 2. 대체로

1. 주로 수량을 가리킨다.

❶ 上海的消费水平很高，我每月的工资基本上都得花完，没有什么积蓄。
상하이의 소비 수준이 높아서 나는 매달 월급을 거의 다 쓰게 되므로 별로 저축한 것이 없다.

❷ 这个项目的主要工作基本上他得独立完成。
이 프로젝트의 주요 업무는 기본적으로 그가 독립적으로 완수해야 한다.

❸ 这个国家的人口基本上是由外来移民组成的。
이 나라의 인구는 주로 외국 이민자로 구성되어 있다.

❹ 这个城市的人基本上都说方言，不说普通话。
이 도시 사람들은 거의 모두 사투리를 쓰고 표준어를 쓰지 않는다.

2. 주로 범위, 정도, 수준을 가리킨다.

❶ 中国人常常抱怨 "年味" 越来越淡，但那基本上是对民俗与传统消失的一种伤感，不会导致某种对抗。

중국인들은 '연말연시의 느낌'이 갈수록 옅어지고 있다고 자주 불평하지만, 이는 대체로 민속과 전통의 소실에 대한 상실감의 일종이기 때문에 어떠한 대립을 일으키지는 않는다.

❷ 我觉得他的想法基本上是正确的。

나는 그의 생각이 대체로 정확하다고 생각한다.

❸ 几年前四川发生了大地震，经过一段时间的重建，现在人们的生活基本上恢复了正常。

몇 년 전 쓰촨 성에서 대지진이 발생했는데, 한동안의 재건을 거쳐 지금은 사람들의 생활이 거의 다 정상으로 돌아왔다.

❹ 他们基本上同意我们的意见，但具体做法还要进一步商量。

그들은 대체로 우리의 의견에 동의하나 구체적인 방법에 대해서는 아직 진일보한 논의가 필요하다.

3 **然而** 접속사 그러나, 그럼에도 불구하고

문어에 쓰이며, 문장의 앞에서 절, 문장 혹은 단락을 연결하는 데 사용된다. 전환의 의미로 앞 문장과 상반되는 의미를 이끌어 내거나 앞 문장의 의미를 제한, 보충한다. '虽然'과 결합하여 사용될 때는 '但是'와 비슷한 역할을 한다.

❶ 中国人常常抱怨 "年味" 越来越淡，但那基本上是对民俗与传统消失的一种伤感，不会导致某种对抗。然而，欧美国家圣诞节的 "圣味" 是否变淡，则涉及各种价值观、族群、信仰者团体利益的交锋。

중국인들은 '연말연시의 느낌'이 갈수록 옅어지고 있다고 자주 불평하지만, 이는 대체로 민속과 전통의 소실에 대한 상실감의 일종이기 때문에 어떠한 대립을 일으키지는 않는다. 그러나 서구 사회에서 크리스마스의 '성스러운 느낌' 퇴색 여부는 각종 가치관, 종족, 종교 단체 이익의 투쟁과 관련된다.

❷ 这个小组在实验中失败了多次，然而他们并不灰心。

이 팀은 실험에서 여러 번 실패했지만 그들은 결코 낙심하지 않았다.

❸ 身体健康指数(BMI)是一种非常流行的衡量身体是否健康的标准。然而，许多专家指出，身体健康指数并不科学，它存在许多缺陷。

신체건강지수(BMI)는 신체의 건강을 측정하는 매우 유행하는 기준이다. 그러나 많은 전문가들은 신체건강지수가 과학적이지 않으며 많은 결함을 가지고 있다고 지적한다.

❹ 大城市就业的机会多，适合年轻人发展。然而，生活在大城市什么都贵，给年轻人的压力也很大。

대도시는 취업의 기회가 많아 젊은 층의 발전에 적합하다. 그러나 대도시에서 생활하면 무엇이든 다 비싸기 때문에 젊은이들이 받는 스트레스도 많다.

4 而 (2) 접속사 그러나

상대적인 것이나 상반된 두 가지를 이야기할 때 사용하며, 후행절이 앞부분에 온다.

❶ 在西方，平安夜的时候，人们或者在家中聚会，或者去教堂做弥撒；而中国人的圣诞体现出了中国特色。

서양에서는 크리스마스이브에 집에서 모임을 가지거나 교회에 가서 미사를 드린다. 그러나 중국인의 크리스마스에는 중국적인 특색이 묻어 있다.

❷ 很多人都买苹果手机，而我并不喜欢。

많은 사람들이 애플 휴대전화를 사지만 나는 결코 좋아하지 않는다.

❸ 沃茨尼亚克在Facebook上说到：“乔布斯并非被排挤，而是自行选择了离开。”

워즈니악은 페이스북에서, 잡스가 쫓겨난 것이 아니라 스스로 떠난 것이라고 했다.

❹ WhatsApp公司被Facebook 收购之前，已拥有4.5亿用户，而公司的工程师只有35名。

왓츠앱사가 페이스북에 인수되기 전에 4억 5천만 명의 유저를 보유하고 있었던 반면, 회사의 엔지니어는 35명에 불과했다.

5 由于 접속사 ~하기 때문에, ~로 인해

원인을 나타내며 주로 문어에서 쓰이고, 구어에서 사용하는 '因为'와 유사하다. 후행절에는 '所以', '因此', '因而'을 사용할 수 있다.

❶ 由于公司管理人员担心庆祝圣诞会引发不平，伤害其他族裔的感情，很多公司近年来一律将“圣诞节”改称为“节日”。

회사 임원들이 크리스마스를 축하하는 것은 불공평을 초래하고 다른 민족의 감정을 상하게 할 수 있다고 우려하여 많은 회사가 최근 몇 년 동안 '크리스마스'를 '명절'로 고쳐 불렀다.

❷ 这次试验的成功，是由于全体人员的共同努力和密切合作。

이번 실험이 성공한 것은 전체가 공동으로 노력하고 긴밀히 협력했기 때문이다.

❸ 由于老师的教导和同学们的帮助，他取得了很好的成绩。

선생님의 지도와 학우들의 도움으로 그는 좋은 성적을 거두었다.

❹ 由于台风原因，很多航班被取消了。

태풍의 영향으로 많은 항공편이 취소되었다.

6 **尚且** 접속사 ~조차도, ~까지도

선행절의 술어동사 앞에 쓰여 대조를 위한 어떤 명확한 사실을 예로 들고, 후행절에 나오는
사실(정도 면에서 차이가 있는 유사한 예)에 대해 당연한 결론을 내린다.

❶ 民间尚且如此，加拿大官方机构就更小心了，有些政府部门明令禁止在办
公室挂圣诞节日的装饰。

민간에서조차 이러하여 캐나다 정부 기관은 더욱 조심하게 되었고, 일부 정부 부처에서는 사무실에 크리스마
스 장식을 하는 것을 법령으로 금지했다.

❷ 她的英文很好，文学作品尚且能翻译，一般文章当然不成问题。

그녀는 영어를 잘한다. 문학 작품까지 번역할 수 있는데, 일반적인 글은 당연히 문제될 게 없다.

❸ 她是一个粗心的人，大事尚且不注意，更别说小事了！

그녀는 부주의한 사람이라 큰일에도 신경 쓰지 않으니, 사소한 일은 더 말할 것도 없다!

❹ 这个地区现在尚且如此贫穷，六年以前就更是可想而知了！

이 지역이 지금도 이렇게 가난한데, 6년 전에는 어떠했을지 더욱 짐작이 간다!

7 **如此** 지시대명사 이와 같다, 이러하다

주로 문어에 쓰이며, 앞 문장에서 언급한 어떤 상황을 가리킨다.

❶ 民间尚且如此，加拿大官方机构就更小心了，有些政府部门明令禁止在办
公室挂圣诞节日的装饰。

민간에서조차 이러하여 캐나다 정부 기관은 더욱 조심하게 되었고, 일부 정부 부처에서는 사무실에 크리스마
스 장식을 하는 것을 법령으로 금지했다.

❷ 她得了癌症，但是还很乐观。不仅如此，她还经常鼓励别的病人要有勇气
战胜疾病。

그녀는 암에 걸렸지만 여전히 낙천적이다. 이뿐만 아니라 그녀는 다른 환자들이 질병을 이겨낼 수 있는 용기를
가지도록 늘 격려한다.

❸ 在国外学习有很多困难。虽然如此，还是有很多人想出国留学。

외국에서 공부하는 데는 어려움이 많다. 그럼에도 불구하고 여전히 많은 사람들이 외국에 나가 유학하고 싶어
한다.

❹ 私家车的增加给北京的城市交通和环境都带来了不少问题。虽然如此，没
有车的人仍旧想买车。

자가용의 증가는 베이징의 도시 교통과 환경 모두에 많은 문제를 야기했다. 그런데도 차 없는 사람은 여전히
차를 사고 싶어 한다.

中国情人节　发帖租女友

　　阴历七月初七是中国传统的"七夕"，又被称为"中国情人节"。正当婚恋年龄的年轻人是怎么过七夕的呢？近年来网上出现了不少"征情人"、"租女友"的帖子，而"租女友"这一长期被认为是单身群体用来撑场面、应付长辈的行为，如今在90后群体中风靡起来。参与"租女友"的人群也悄然发生变化：不再集中于社交途径有限、难接触到异性的人群，而是一群爱玩、爱新鲜、爱社交的新新人类。"恋爱么么哒"微信平台负责人陆伟介绍，将近八成在他们平台租女友过七夕的都是90后。绝大多数人觉得这种模式新鲜有趣，只有少数人是为了充门面或者找结婚伴侣而来的。

　　记者近日在校园论坛上发现一些"征情人"的帖子。例如："七夕节快到了，求一名女生做一日情人！"发帖者希望"租一名男友或者女友体验一日浪漫"。在武汉某高校论坛上，一个男性网友自称大学三年从未交过女朋友，希望能在离开学校以前过一个有情人的情人节。他发帖说："我们一起牵手看电影、吃饭、逛街，等到凌晨再宣布'分手吧'。"帖子发出后回复的人不少，可响应者却寥寥无几，有人甚至怀疑这是一场恶作剧。另一网友跟帖表示，感情是非常神圣的，不该为了应景而租"一日情人"。不过，也有女性网友称非常佩服楼主的勇气，愿意以朋友的身份一起过节。

　　除了"求租"外，还有学生发帖"出租"自己。在校大学生高同学在微博上发布了这样一条"出租"启事："七夕当天陪吃饭五元/小时，陪看电影五元/小时，陪聊天十元/小时，但拒绝拉手哦。"高同学目前是单身，看到别人发的租"七夕恋人"的帖子后感觉很浪漫，于是效仿发了一条"出租"微博。可是她说，标价完全是为了吸引眼球，并不会真的收费。

　　他们的帖子发出后在网上引起了热议。有人对发帖者表示理解和支持，也有部分网友对此表示质疑。支持者认为这是一种新的交友方式，质疑者则认为和喜欢的人一起过七夕是温馨浪漫，和租来的临时男友或女友过节是荒唐，有何幸福可言？对此，武汉科技大学一名心理老师提醒道：在网上发帖征友是一种潮流，但为了过情人节在网上租情人则不可取。发帖者或许是真的想寻找一段恋情，但这种形式不安全，更不值得提倡。近两年来，为了降低风险，一些公司试图借七夕打造一个供年轻人交友的平台，通过微信平台，单身的年轻男女相互结识，互相了解，建立友情和恋爱关系。

📖 본문의 내용에 근거하여 다음 문제에 대해 이야기해 보세요.

1. "七夕节"是什么节日？你知道这个节日是怎么来的吗？
   这个节日跟哪个民间传说有关系？

2. 为什么有些网友要"征情人"、"租女友"？
   大家对这种做法怎么看？

3. 在美国也有个"情人节"。美国人过情人节都做些什么？

4. 你对在网上交友和网恋怎么看？

5. 在你看来，现在的年轻人社交途径怎么样？
   接触异性的机会多吗？你觉得理想的恋爱方式和途径是什么？

生词 단어

∩ 4-4

1	帖(子)	tiě(zi)	몡 초대장, 게시글
2	租	zū	동 빌려주다, 임대하다, 빌리다
3	阴历	yīnlì	몡 음력
4	年龄	niánlíng	몡 연령
5	征	zhēng	동 징수하다, 징집하다
6	情人	qíngrén	몡 애인, 연인
7	单身	dānshēn	몡 홀몸, 독신
8	群体	qúntǐ	몡 단체, 복합체
9	撑	chēng	동 받치다, 지탱하다
10	场面	chǎngmiàn	몡 장면, 국면
11	应付	yìngfu	동 대응하다, 대처하다, 그럭저럭 때우다
12	长辈	zhǎngbèi	몡 손윗사람, 연장자
13	行为	xíngwéi	몡 행위
14	如今	rújīn	몡 지금, 이제, 오늘날
15	风靡	fēngmǐ	동 풍미하다
16	参与	cānyù	동 참여하다
17	悄然	qiǎorán	혱 조용한, 고요한
18	集中	jízhōng	동 집중하다
19	社交	shèjiāo	몡 사회생활, 사교
20	途径	tújìng	몡 방법, 길
21	有限	yǒuxiàn	혱 제한적인, 한정된
22	接触	jiēchù	동 접촉하다
23	异性	yìxìng	몡 이성
24	人类	rénlèi	몡 인류, 인간
25	恋爱	liàn'ài	동 연애하다
26	平台	píngtái	몡 플랫폼
27	负责	fùzé	동 책임지다
28	成	chéng	양 10분의 1, 할
29	模式	móshì	몡 모델, 패턴, 양식
30	有趣	yǒuqù	혱 재미있는
31	充	chōng	동 충당하다, 채우다
32	门面	ménmiàn	몡 겉보기, 외관

33	伴侣	bànlǚ	몡 동반자, 반려
34	校园	xiàoyuán	몡 캠퍼스
35	论坛	lùntán	몡 포럼, 게시판
36	高校	gāoxiào	몡 고등학부, 대학
37	自称	zìchēng	동 스스로 칭하다, 자칭하다
38	从未	cóngwèi	부 지금까지 ~하지 않았다
39	逛街	guàng//jiē	동 거리를 거닐다, 아이쇼핑하다
40	凌晨	língchén	몡 새벽
41	分手	fēn//shǒu	동 헤어지다
42	回复	huífù	동 회답하다
43	寥寥无几	liáoliáo wújǐ	관용 매우 드물다
44	神圣	shénshèng	형 신성한
45	应景	yìngjǐng	동 수식 분위기에 맞추다
46	佩服	pèifú	동 탄복하다, 감탄하다
47	楼主	lóuzhǔ	몡 게시물 작성자
48	身份	shēnfen	몡 신분
49	过节	guò//jié	동 명절을 쇠다, 축하 행사를 하다
50	出租	chūzū	동 세주다, 세를 놓다
51	在校	zàixiào	수식 재학 중이다
52	启事	qǐshì	몡 광고, 고시, 공고
53	当天	dàngtiān	몡 당일, 같은 날
54	聊天	liáo//tiān	동 수다를 떨다, 채팅하다
55	哦	ò	감 아!, 오! [납득·이해 등을 나타냄]
56	恋人	liànrén	몡 연인
57	效仿	xiàofǎng	동 모방하다
58	标价	biāo//jià	동 가격을 표시하다
59	眼球	yǎnqiú	몡 안구
60	收费	shōu//fèi	동 비용을 받다
61	议	yì	동 어근 주장하다, 토의하다
62	理解	lǐjiě	동 이해하다
63	支持	zhīchí	동 지지하다, 지원하다
64	交友	jiāo//yǒu	동 친구를 사귀다

65	温馨	wēnxīn	혱 따뜻하고 향기로운, 따스한
66	荒唐	huāngtáng	혱 황당한
67	何	hé	뗴 어떻게, 왜, 어찌, 어느
68	提醒	tíxǐng	됨 일깨우다, 주의를 환기시키다
69	潮流	cháoliú	몡 조류, 추세
70	或许	huòxǔ	뷔 아마도
71	恋情	liànqíng	몡 연정, 연심
72	降低	jiàngdī	됨 낮추다
73	风险	fēngxiǎn	몡 리스크, 위험
74	打造	dǎzào	됨 만들다, 제조하다
75	供	gōng	됨 공급하다, 제공하다
76	相互	xiānghù	뷔 상호간, 서로
77	结识	jiéshí	됨 알게 되다, 사귀다
78	建立	jiànlì	됨 건립하다, 짓다
79	友情	yǒuqíng	몡 우정

고유명사

1	七夕	Qīxī	칠월 칠석
2	情人节	Qíngrén Jié	밸런타인데이
3	恋爱么么哒	Liàn'ài Mēmeda	롄아이머머다 [온라인 플랫폼의 명칭]
4	陆伟	Lù Wěi	인명 루웨이
5	武汉科技大学	Wǔhàn Kējì Dàxué	우한과기대학

5

你是"低头族"吗？

당신은 '수그리족'입니까?

你是 "低头族" 吗?

中国互联网信息中心最新的《中国互联网络发展状况统计报告》显示,中国的智能手机使用比例达到了人口总数的66%。截至2013年6月底,中国即时通信网民接近五亿人,手机即时通信网民接近四亿人。在中国,坐车、走路、吃饭、开会等各种场景中,你总会看到人们低头看手机或者平板电脑。微信①、手机QQ、微博②以及短信等即时通信工具让越来越多的人成为 "低头族"③。

人们用 "低头族" 来形容那些只顾低头看手机而冷落面前亲友的人。以前,朋友们聚在一起是为了交流感情。现在,一场聚会上,大家都在低头刷微博聊微

---

❶ **微信**　위챗(Wechat). 중국의 텐센트에서 2011년에 출시한 메신저 프로그램이다.

❷ **微博**　웨이보. 중국 최대의 미니 블로그 사이트이다. '작다'라는 뜻의 微와 '블로그'를 뜻하는 博客의 첫 글자를 합친 말로 중국의 대표적인 SNS이다.

❸ **低头族**　'수그리족' 혹은 '스몸비족'으로 번역할 수 있다. 수그리족은 2010년경 휴대용 게임기가 유행하면서 지하철이나 버스에서 고개를 숙이고 스마트폰이나 태블릿 PC 등을 보는 사람들을 일컫는 말이다. 스몸비족은 스마트폰이 출시된 이후 스마트폰에 몰입하여 걷는 사람들을 가리켜 스마트폰(smart phone)과 좀비(zombie)의 합성어로 만들어진 말이다.

信，过去那种热热闹闹的场面再也没有了。老人希望和家人团聚，一起吃饭聊天，享受天伦之乐，可是等来的却是低头无语。"低头族"的泛滥使越来越多的老人讨厌手机，甚至和孩子们发生矛盾。在"低头族"的反对者里，老人家是站在最前列的。

为什么人们对于微信等移动社交工具如此热衷？复旦大学社会学专家赵民认为，微信热是因为它很好地满足了人们社会交往的需要。社会交往是人类最基础的需要之一。人们从健康的社交关系中获得信息、知识，更重要的是获取归属感和亲密感，从而让人觉得更加安全和幸福。从这个意义上说，由于微信使得人们能跨越时间、空间进行沟通交流，为沟通提供了最大可能的便利性，其正面作用毋庸置疑，而"朋友圈"❹的照片分享则很好地满足了人们自我欣赏的需要。此外，中国人的个性比较含蓄，很多感情难以当面表达，而微信创造出了一定的时空距离感，又可以通过录音、文字、照片等多种方式交流，更容易受到中国人的欢迎。

即时通信工具极大地方便了人和人之间的沟通，然而，它也会给我们的生活带来很大的负面影响。其中最显著的就是会引起"注意力不集中"、"强迫症"等心理问题。据调查，39%的"低头族"表示对手机等电子设备有依赖症，并且一想到没有手机的生活就会有恐慌感，这是过度使用自媒体造成的结果。专家指出，"低头族"的日常生活受电子产品干扰后，开始漠视身边的人和事，而对网上的新鲜事物更感兴趣，因此会造成社交障碍、心理障碍、情感的冷漠化等危害。白领阿文觉得自己已经得了"微信强迫症"。他说："我时不时就想去朋友圈，看看大家都有些什么新鲜事发生。如果是自己发了照片，就更加迫不及待地

---

❹ **朋友圈** 중국의 대표 메신저 어플인 위챗의 모먼츠(Moments). 자신의 계정에 사진이나 글, 인터넷 기사를 공유하는 중국판 카카오 스토리이다.

希望看到朋友们作何评论。"另外，在朋友圈里分享照片，互相攀比，也可能给人带来自卑感。

在科技高度发达的今天，有人在虚拟世界中的朋友成千上万，然而，在现实生活中却找不到一个说话的人。这不能不说是高科技带来的悲哀。手机原本只是帮助人们提高沟通效率的一个工具，如果因过于沉迷其中，让人最高效、最直接的面对面沟通能力发生退化，实在是得不偿失。所以，建议大家合理利用手机、平板电脑等电子产品，每天适当"断网"，经常参加聚会、看书、进行体育锻炼，让自己有意识地从"每时每刻"、"无处不在"的网络中解脱出来，莫要成为信息时代的"套中人"。

본문의 내용에 근거하여 다음 문제에 대해 이야기해 보세요.

1. 什么样的人被称为"低头族"?

2. 互联网和智能电子设备对人们的生活有什么影响?

3. 作者认为中国为什么会出现"微信热"?

4. 你常常用什么网络社交工具? 为什么喜欢用那种网络工具?

5. 专家认为过度使用即时通信工具会带来什么负面影响? 为什么?

6. 作者认为高科技造成的"悲哀"是什么? 你有什么看法?

7. 信息时代的"套中人"是什么样的人?

生词

5-2

1	互联网	hùliánwǎng	몡 인터넷
2	截至	jiézhì	동 (시간상) ~에(까지) 이르다
3	网民	wǎngmín	몡 네티즌
4	场景	chǎngjǐng	몡 장면, 신(scene)
5	平板电脑	píngbǎn diànnǎo	태블릿 PC
6	短信	duǎnxìn	몡 문자 메시지
7	亲友	qīnyǒu	몡 친척과 친구, 친한 벗
8	热热闹闹	rère nāonāo	관용 떠들썩한
9	场面	chǎngmiàn	몡 장면, 국면
10	团聚	tuánjù	동 한자리에 모이다
11	天伦之乐	tiānlúnzhīlè	관용 가족이 누리는 단란함
12	无语	wúyǔ	형 어이가 없는, 할 말이 없는
13	泛滥	fànlàn	동 범람하다
14	老人家	lǎorenjia	몡 노인, 어르신
15	前列	qiánliè	몡 앞줄, 선두
16	社交	shèjiāo	몡 사교
17	交往	jiāowǎng	동 교제하다, 왕래하다
18	获取	huòqǔ	동 얻다, 획득하다
19	归属	guīshǔ	동 귀속하다, 속하다
20	亲密	qīnmì	형 친밀한, 가까운
21	跨越	kuàyuè	동 뛰어넘다
22	便利	biànlì	형 편리한
23	正面	zhèngmiàn	형 긍정적인
24	毋庸置疑	wúyōng zhìyí	관용 의심할 필요가 없다
25	分享	fēnxiǎng	동 (기쁨·행복·이익 등을) 나누다
26	欣赏	xīnshǎng	동 감상하다, 마음에 들어 하다
27	含蓄	hánxù	형 함축적인
28	当面	dāngmiàn	부 대놓고
29	时空	shíkōng	몡 시공, 시간과 공간
30	距离	jùlí	몡 거리
31	负面	fùmiàn	형 부정적인
32	注意力	zhùyìlì	몡 주의력

33	强迫	qiǎngpò	동 강요하다, 핍박하다
34	依赖	yīlài	동 의존하다
35	症	zhèng	이근 질병, 증세
36	恐慌	kǒnghuāng	형 무서운, 두려운
37	过度	guòdù	형 과도한
38	白媒体	zìméitǐ	명 (인터넷카페·블로그 등의) 위 미디어(We Media), 1인 미디어
39	干扰	gānrǎo	동 간섭하다 명 간섭
40	漠视	mòshì	동 경시하다, 냉담히게 대하다
41	障碍	zhàng'ài	명 장애, 걸림돌
42	情感	qínggǎn	명 감정, 느낌
43	冷漠	lěngmò	형 냉담한, 무관심한
44	时不时	shíbùshí	자주
45	迫不及待	pòbùjídài	관용 사태가 긴박하여 한시도 지체할 수 없다
46	评论	pínglùn	동 평론하다, 이러쿵저러쿵 말하다 명 평론
47	攀比	pānbǐ	동 (다른 사람과) 높은 수준으로 비기다
48	自卑	zìbēi	형 열등감을 가지는, 비굴한
49	虚拟	xūnǐ	형 가상의, 허구의
50	成千上万	chéngqiān shàngwàn	관용 수많은
51	不能不	bù néng bù	~하지 않을 수 없다
52	高科技	gāokējì	명 수식 첨단기술, 하이테크
53	悲哀	bēi'āi	형 슬픈, 비참한
54	原本	yuánběn	부 원래, 본래
55	沉迷	chénmí	동 깊이 빠지다, 깊이 미혹되다
56	高效	gāoxiào	명 높은 능률, 높은 효과
57	退化	tuìhuà	동 퇴화하다
58	得不偿失	débùchángshī	관용 얻는 것보다 잃는 것이 많다
59	每时每刻	měishí měikè	관용 항상, 언제나, 늘
60	无处不在	wúchùbúzài	관용 어디에나 있나
61	解脱	jiětuō	동 해탈하다, 벗어나다
62	莫	mò	부 ~않다, ~못하다

63	套中人	tàozhōngrén	몡 현실에 안주하고 보수적인 사람들, 또는 특정한 상황에 처한 사람들 [원래는 '틀 속에 갇힌 사람'이라는 러시아 소설에서 따온 용어]

고유명사

1	复旦大学	Fùdàn Dàxué	푸단대학
2	赵民	Zhào Mín	인명 자오민
3	阿文	Ā Wén	인명 아원

词语注释 ^{표현 해설}

❶ 형태소

1 -族 : ~족

1. 공동의 기원과 공동의 유전적 특징을 가진 사람들
   - 예 **种族** 종족 | **汉族** 한족 | **满族** 만주족 | **藏族** 티베트족 | **回族** 후이족 | **蒙古族** 몽골족 | **维吾尔族** 위구르족

2. 공동의 속성을 지닌 사람들이나 사물
   - 예 **低头族** 수그리족, 스몸비족, 스마트폰 중독자 | **工薪族** 샐러리맨, 월급쟁이 | **追星族** 팬클럽, 사생팬, 극성팬 | **月光族** 월광족

   *月光族 yuèguāngzú 매달 자신의 월수입을 다 써버리는 사람들을 일컫는 말

2 -网/网- : ~망, 그물, 네트워크, 인터넷

1. 그물
   - 예 **渔网** 어망, 물고기 그물 | **铁丝网** 철망, 철조망 | **结网** 그물을 뜨다, 줄을 치다 | **撒网** 투망하다

2. 그물처럼 생긴 물건
   - 예 **蜘蛛网** 거미줄 | **球网** (테니스, 탁구 등의) 네트

3. 그물처럼 얽힌 조직이나 시스템
   - 예 **通信网** 통신망 | **关系网** 인맥, 연줄 | **社交网** SNS | **交通网** 교통망 | **营销网** 마케팅 네트워크

4. 컴퓨터 네트워크
   - 예 **互联网** 인터넷 | **新闻网** 뉴스 네트워크 | **腾讯网** 텐센트 네트워크 | **谷歌网** 구글 네트워크 | **网络** 네트워크 | **网民** 네티즌 | **网友** 네티즌 | **网恋** 인터넷 연애, 사이버 연애

3 -时 : 시간

- 예 **即时** 즉시 | **及时** 제때에 | **届时** 때가 되다 | **准时** 정시에 | **按时** 제시간에 | **守时** 시간을 지키다 | **超时** 시간을 초과하다 | **定时** 시간을 정하다 | **当时** 당시에

4 **-微/微-** : 작은, 적은

예 **细微** 미세한, 자잘한 | **微型** 소형의, 마이크로 | **微缩** 축소하다 | **微信** 위챗(Wechat) | **微博** 웨이보, 미니 블로그 | **微电影** 마이크로필름 | **微小说** 플래시 픽션

*微电影 wēi diànyǐng 웹드라마와 비슷한 형태의 영상물로 온라인에서만 감상할 수 있는 드라마나 영화
*微小说 wēi xiǎoshuō 1,000개 단어 이내의 짧은 단편소설

5 **-信/信-** : 편지, 정보, 믿다

1. 편지, 정보
   예 **微信** 위챗 | **通信** 통신 | **短信** 문자 메시지 | **家信** 집에서 온 편지, 집으로 보내는 편지 | **书信** 서신, 편지 | **信息** 정보 | **信纸** 편지지

2. 믿다
   예 **听信** 곧이 듣다 | **信任** 신임하다 | **信从** 믿고 따르다 | **信托** 신탁하다, 믿고 맡기다

6 **-热/热-** : ~붐, ~열풍, 왕성한

1. 많은 사람의 보편적인 사랑과 관심을 받다
   예 **微信热** 위챗 붐 | **出国热** 출국 열풍 | **留学热** 유학 열풍 | **淘宝热** 타오바오 열풍 | **淘金热** 골드러시

2. 왕성한, 정서적으로 고양된
   예 **热衷** 열중하다, 몰두하다 | **热闹** 떠들썩한 | **热情** 열정적인 | **热恋** 열애하다 | **热卖** 불티나게 팔리다 | **热销** 잘 팔리다 | **热评** 열렬한 토론과 평가 | **热议** 열띤 토론을 벌이다

7 **获-/-获** : 얻다, 획득하다

예 **获得** 획득하다 | **获取** 얻다 | **获益** 이익을 얻다 | **获利** 이익을 얻다 | **收获** 수확하다 | **擒获** 사로잡다, 체포하다

8 **一感** : 감촉, 감각

예 **亲密感** 친밀감 | **归属感** 소속감, 귀속감 | **成就感** 성취감 | **失落感** 실망감 | **认同感** 동질감 | **距离感** 거리감 | **恐慌感** 공포감 | **自卑感** 열등감

9 **一面** : 방면, 측면

예 **正面** 정면, 긍정적인 면 | **负面** 부정적인 면 | **对面** 맞은편 | **侧面** 측면, 옆면 | **当面** 마주 보다, 직접 맞대다 | **背面** 배면, 후면

10 **一圈/圈一** : 범위

예 **势力圈** 세력권 | **朋友圈** 친구 범위, 모먼츠(Moments) | **社交圈** 사교 범위 | **生活圈** 생활권 | **职业圈** 직업권 | **圈子** 범위, 테두리

11 **一症** : 병, 증상

예 **强迫症** 강박증 | **依赖症** 의존증 | **综合症** 증후군 | **多动症** ADHD(주의력 결핍 및 과잉 행동 장애) | **抑郁症** 우울증 | **自闭症** 자폐증 | **老年痴呆症** 치매

❷ 성어와 숙어

① 毋庸置疑　의심할 여지가 없다

사실이 명확하거나 이유가 충분하여 의심할 필요가 없음을 나타낸다. '毋庸'은 '필요가 없다'라는 뜻이다.

❶ 由于微信使得人们能跨越时间、空间进行沟通交流，为沟通提供了最大可能的便利性，其起到的正面作用毋庸置疑。

위챗은 사람들을 시간과 공간을 초월하여 소통하고 교류하게 하며 소통을 위한 최적화된 편의성을 제공해 주므로 그 긍정적인 역할은 말할 필요도 없다.

❷ 在发展经济的同时也要保护环境，这是毋庸置疑的。

경제를 발전시키는 동시에 환경을 보호해야 한다는 것은 의심할 여지가 없는 것이다.

❸ 毋庸置疑，人口的增加对经济的发展起着决定性的作用。

의심할 여지없이 인구의 증가는 경제의 발전에 결정적인 역할을 하고 있다.

❹ 毋庸置疑，孩子的成长受到家庭、社会和学校三个方面的影响。

의심할 여지없이 아이의 성장은 가정과 사회, 학교 세 방면의 영향을 받는다.

② 自我……　자신을 ~하다, 자기~, 자아~

[自我 + 명사/동사]의 형식으로 자주 사용한다.

예 自我中心 자기중심 | 自我批评 자아비판 | 自我陶醉 자아도취 | 自我欣赏 자신을 감상하다, 자신을 대견하게 여기다

❶ "朋友圈"的照片分享很好地满足了人们自我欣赏的需要。

'모먼츠(朋友圈)'에서의 사진 공유는 사람들이 자신을 감상하고 싶어 하는 욕구를 매우 잘 만족시킨다.

❷ 独生子女常常自我中心，不为别人考虑。

외둥이들은 종종 자기중심적이라 남을 배려하지 않는다.

❸ 经常自我批评的人才会进步得快。

늘 자기성찰을 하는 사람이야말로 빨리 발전할 수 있다.

❹ 有"自恋症"的人常常会自我陶醉。

'나르시시즘'이 있는 사람은 종종 자기도취에 빠지곤 한다.

③ 迫不及待 더 이상 기다릴 수 없을 정도로 급하다

마음이 매우 급함을 형용한다. '迫'는 '긴박하다', '及'는 '이르다', '待'는 '기다리다'의 뜻이다.

❶ 自己发了照片，就迫不及待地希望看到朋友们作何评论。
제가 사진을 올리면 친구들이 어떤 댓글을 다는지 빨리 보고 싶어요.

❷ 考试之后，他迫不及待地想知道结果。
시험이 끝난 뒤에 그는 결과가 궁금해서 안달이 났다.

❸ 姐姐考上了北京大学，她迫不及待地想跟家人和朋友分享这个好消息。
언니가 베이징대학에 합격하자 그녀는 가족, 친구들과 이 희소식을 공유하고 싶어 안달했다.

❹ 这是他八年来第一次回家。一到家他就迫不及待地跟同学、好友联系，安排见面的时间。
이번에 그는 8년 만에 처음으로 집에 돌아왔다. 집에 오자마자 그는 지체 없이 동창과 친한 친구들에게 연락을 해서 만날 시간을 정했다.

④ 得不偿失 득보다 실이 더 많다

얻는 이익이 받는 손실을 보상하지 못함을 나타낸다.

❶ 手机原本只是帮助人们提高沟通效率的一个工具。如果因过于沉迷其中，让人最高效、最直接的面对面沟通能力发生退化，实在是得不偿失。
휴대전화는 원래 사람들에게 소통의 효율을 향상시켜 주기 위한 하나의 도구에 불과하다. 그러나 만일 과도하게 여기에 빠져 가장 효율적이고 직접적인 면대면 소통 능력이 퇴화된다면 득보다 실이 더 많다고 할 수 있다.

❷ 如果现代化的生活以我们的健康为代价，那就是得不偿失的。
현대화된 삶이 우리의 건강을 대가로 한다면 이는 바로 득보다 실이 더 많은 것이다.

❸ 如果人口控制造成了生产力的下降和社会老化，就有些得不偿失了。
만일 인구 조절이 생산력의 저하와 사회 노령화를 일으킨다면 득보다 실이 더 많다.

❹ 我觉得得到了事业而失去了家庭是得不偿失的。
사업에는 성공했지만 가정을 잃었다면 득보다 실이 많다고 생각한다.

5 每时每刻 시시각각, 시도 때도 없이

잠시도 중단됨이 없음을 나타낸다. '~하지 않은 때가 없다'의 '无时无刻不'와 같은 뜻이다.

❶ 我们要经常参加聚会、看书、进行体育锻炼，让自己有意识地从"每时每刻"、"无处不在"的网络中解脱出来。

우리는 자주 모임에 나가고 독서를 하며 운동도 하면서 자신을 의식적으로 '언제나', '어디에나 있는' 인터넷으로부터 해방시켜야 한다.

❷ 高考期间，学生们每时每刻都感受到考试的压力。

수능 기간 동안 학생들은 시시각각 시험 스트레스를 받는다.

❸ 做了妈妈以后，她才知道父母是每时每刻都在为孩子操心的。

엄마가 된 뒤에야 그녀는 부모가 매 순간 자식 걱정을 하고 있다는 것을 알았다.

❹ 在国外的几年中，他无时无刻不思念家乡。

외국에 있는 몇 년 동안 그는 한시도 고향을 그리워하지 않은 적이 없다.

❺ 学会开车以后她无时无刻不提醒自己：安全第一。

운전을 배운 뒤로 그녀는 늘 자신에게 안전이 최우선임을 환기시킨다.

6 无……不…… ~하지 않는 ~이 없다

이중 부정을 통해 긍정의 의미를 나타낸다.

예 无处不在 어디에나 있다 ㅣ 无人不晓 모두가 다 안다 ㅣ 无所不知 모르는 것이 없다 ㅣ 无所不有 없는 것이 없다 ㅣ 无奇不有 별의별 게 다 있다 ㅣ 无所不能 못 할 것이 없다

❶ 我们要经常参加聚会、看书、进行体育锻炼，让自己有意识地从"每时每刻"、"无处不在"的网络中解脱出来。

우리는 자주 모임에 나가고 독서를 하며 운동도 하면서 자신을 의식적으로 '언제나', '어디에나 있는' 인터넷으로부터 해방시켜야 한다.

❷ 在中国，计划生育政策几乎无人不晓。

중국에서는 가족계획정책에 대해 모르는 사람이 거의 없다.

❸ 他非常博学，天文、地理、人文无所不知。

그는 매우 박학다식해서 천문, 지리, 인문 등 모르는 것이 없다.

❹ 世界之大，无所不有，无奇不有。我们应该开阔眼界，不能做井底之蛙。

세상은 커서 없는 것이 없고 별의별 것이 다 있다. 그러므로 우리는 시야를 넓혀야 하며 우물 안 개구리가 되어서는 안 된다.

🅑 어구와 문형

❶ 以及 [접속사] 그리고, 및

대등관계를 나타내며 주로 문어에 사용된다. 병렬된 명사, 명사구, 동사, 동사구 등을 연결한다.

❶ 微信、手机QQ、微博以及短信等即时通信工具让越来越多的人成为"低头族"。
위챗, 모바일 QQ, 웨이보 그리고 문자 메시지 들이 메신저 도구가 갈수록 많은 사람들을 '수그리족'으로 만들고 있다.

❷ 在北京、上海等大城市，公共交通系统很发达，有地铁、城铁、公交车，以及出租车等交通工具。
베이징, 상하이 등의 대도시는 대중교통 시스템이 발달하여 지하철, 도시철도, 버스 및 택시 등의 교통수단이 있다.

❸ 这次参加国际会议的学者主要来自欧洲、亚洲以及非洲等地。
이번에 국제회의에 참석한 학자들은 주로 유럽, 아시아 및 아프리카 등지에서 왔다.

❹ 我们学校的中国留学生大多学习经济、国际关系、数学、化学、生物以及生化等专业。
우리 학교의 중국 유학생은 대부분 경제, 국제관계, 수학, 화학, 생물 및 생화학 등을 전공하고 있다.

❺ 为了解决交通堵塞的问题，市政府采取的措施包括：改善公共交通系统、加宽路桥，以及限制私家车的使用等。
교통 체증 문제를 해결하기 위해 시정부에서 취한 조치에는 대중교통 시스템 개선, 도로 및 교량 확충 그리고 자가용 운행 제한 등이 포함된다.

❷ 而 (3)(4) [접속사] 1. 그러므로, 그래서 2. 게다가, 더욱이

1. 인과관계를 나타낸다.

❶ 人们用"低头族"来形容那些只顾低头看手机而冷落面前亲友的人。
사람들은 '수그리족'이라는 말로 고개를 숙이고 휴대전화만 보면서 코앞에 앉아 있는 친구는 아랑곳하지 않는 사람을 형용한다.

❷ 小李因病而没有参加昨天的学术会议。
샤오리는 아파서 어제 열린 학술회의에 참석하지 못했다.

❸ 他们二人因性格不合而离婚。
그들 두 사람은 성격 불화로 인해 이혼했다.

2. 심화된 의미를 나타낸다.

❶ 由于微信使得人们能跨越时间、空间进行沟通交流，为沟通提供了最大可能的便利性，其正面作用毋庸置疑，而"朋友圈"的照片分享则很好地满足了人们自我欣赏的需要。

위챗은 사람들을 시간과 공간을 초월하여 소통하고 교류하게 하며 소통을 위한 최적화된 편의성을 제공해 주므로 그 긍정적인 역할은 말할 필요도 없고, '모먼츠(朋友圈)'에서의 사진 공유는 사람들이 자신을 감상하고 싶어 하는 욕구를 매우 잘 만족시킨다.

❷ 他们俩很相爱，而二人的同事朋友们也觉得他们很相配。

그들은 서로 사랑하는 데다가 두 사람의 동료와 친구들도 그들이 매우 잘 어울린다고 생각한다.

❸ 中国人的个性比较含蓄，很多感情难以当面表达，而微信创造出了一定的时空距离感，又可以通过录音、文字、照片等多种方式交流，更容易受到中国人的欢迎。

중국인은 개성을 잘 드러내지 않기 때문에 면전에서 감정을 표현하기가 쉽지 않은데, 위챗은 일정한 시공간의 거리감을 만들어 녹음, 문자, 사진 등 다양한 방식으로 교류가 가능하므로 더 쉽게 중국인의 사랑을 받을 수 있는 것이다.

❹ 南方人喜欢吃米饭，而这家中式快餐店有很多米饭配炒菜的快餐，所以很受南方人欢迎。

남방 사람들은 밥을 즐겨 먹는데, 이 중식 패스트푸드점은 밥에 볶음 요리를 곁들인 패스트푸드가 많아서 남방 사람들에게 인기가 많다.

3 再也没/再也不……（了）　더 이상 ~하지 않다

더 이상 출현하거나 발생하지 않음을 나타낸다. '再'는 중복과 지속을 의미한다.

❶ 现在，一场聚会上，大家都在低头刷微博聊微信，过去那种热热闹闹的场面再也没有了。

지금은 모임에서도 모두들 머리를 숙인 채 웨이보나 위챗을 하기 때문에 예전의 시끌벅적한 장면은 더 이상 찾아볼 수 없게 되었다.

❷ 大学毕业以后，我们就再也没联系过。

대학 졸업 후에 우리는 결코 연락한 적이 없다.

❸ 这个饭馆的菜很难吃，服务又差，我再也不想来了。

이 음식점의 요리는 맛이 없고 서비스도 엉망이어서 다시는 오고 싶지가 않다.

❹ 看了这个电视节目后，他再也不想吸烟了。

이 TV 프로그램을 시청한 후 그는 다시는 담배를 피고 싶지 않아졌다.

4 **甚至** 부사 심지어, ~까지도, ~조차도

도드라진 사례를 강조한다. 뒤에 '都' 혹은 '也'가 자주 온다.

❶ "低头族"的泛滥使越来越多的老人讨厌手机，甚至和孩子们发生矛盾。

'수그리족'의 급증으로 점점 많은 노인들이 휴대전화를 싫어하게 되었고, 심지어 자녀들과 갈등을 빚기도 한다.

❷ 参加这次马拉松比赛的有各个年龄段的人，包括十几岁的学生、二三十岁的年轻人、四五十岁的中年人，甚至年过七十的老人。

이번 마라톤 대회 참가자에는 각 연령대가 다 있는데, 10내 학생, 20~30대 청년층, 40~50대 중년층, 심지어 일흔이 넘은 노년층까지 포함되어 있다

❸ 近两年物价涨得很快，今年甚至涨了百分之二十。

요 몇 년 동안 물가가 빠른 속도로 상승했는데, 올해는 20%까지 올랐다.

❹ 半年没有练习中文，他把学过的汉字都忘了，甚至连"中国"都不会写了！

반 년 동안 중국어를 연습하지 않아서 그는 배웠던 한자를 모두 잊었고, 심지어 '중국'조차 쓸 수 없게 되었다!

❺ 这次考试没考好，她的心情坏极了。连续几天她都后悔、自责，甚至沮丧。

이번 시험을 잘 못 봐서 그녀는 기분이 몹시 안 좋다. 며칠째 계속 후회하고 자책하고 심지어 낙담하기까지 했다.

5 **从而** 접속사 그리하여, 따라서, ~함으로써

문어에 쓰이며, 결과 혹은 진일보한 행동을 나타낸다. 후행절의 앞부분에 사용되며 선행절의 주어를 공유한다.

❶ 人们从健康的社交关系中获得信息、知识，更重要的是获取归属感和亲密感，从而让人觉得更加安全和幸福。

사람들은 건강한 사교 관계로부터 정보와 지식을 얻고, 더 중요하게는 귀속감과 친밀감을 얻음으로써 더 안전하고 행복하다고 느낀다.

❷ 美国政府应该采取有效的控制枪支的政策，从而减少恶性枪击事件。

미국 정부는 효과적인 총기 규제 정책을 취함으로써 심각한 총격 사건을 감소시켜야 한다.

❸ "全面开放二胎"的政策允许家庭生第二个孩子，从而减缓社会的老龄化等问题。

'전면적 두 자녀 허용' 정책은 가정에서 두 번째 자녀를 낳을 수 있도록 허용함으로써 시회적 고령화 등의 눈제를 완화힌다.

❹ 在中学和大学应该开设性教育课，从而尽量避免早孕或者未婚先孕的现象。

중고교와 대학에서 성교육 과목을 개설함으로써 이른 임신이나 혼전임신의 상황을 가급적 피해야 한다.

6 **其** 대명사 1. 그의, 그녀의, 그것의, 그들의 2. 그, 그녀, 그것, 그들

1. 소유격 관형어로써 '그의, '그녀의', '그것의', '그들의' 혹은 '그', '그것'으로 번역한다.

❶ 从这个意义上说，由于微信使得人们能跨越时间、空间进行沟通交流，为沟通提供了最大可能的便利性，其正面作用毋庸置疑。

이러한 의미에서 말하면 위챗은 사람들을 시간과 공간을 초월하여 소통하고 교류하게 하며 소통을 위한 최적화된 편의성을 제공해 주므로 그 긍정적인 역할은 말할 필요도 없다.

❷ 现代生活的压力很大，其原因是多方面的。

현대 생활의 스트레스가 심한데, 그 원인은 다방면에 걸쳐 있다.

❸ 美国式的教育和中国式的教育在理念和方法上很不同，但都有其长处和问题。

미국식 교육과 중국식 교육은 이념과 방법에 있어 매우 다르지만 모두 그 나름의 장점도 있고 문제점도 있다.

❹ 现在中国不少出口企业都纷纷到越南等地去开工厂了，其目的就是要降低成本。

요즘 중국의 많은 수출 기업들이 잇달아 베트남 등지로 가서 공장을 설립하고 있는데, 그 목적은 바로 비용을 절감하기 위해서이다.

2. 겸어문에서 주술구의 소주어가 되어 '그', 그녀', '그것', '그들'로 번역한다.

❶ 家长在孩子的成长过程中扮演什么样的角色，如何助其成才，值得全社会深入思考。

자녀가 성장하는 과정에서 부모가 어떤 역할을 담당해야 하며, 어떻게 아이를 인재로 키울 수 있을 것인가에 대해 전 사회가 깊이 생각해 볼 만하다.

❷ 这位高管表现太差，公司决定劝其离职。

이 임원의 실적이 너무 형편없어서 회사는 그에게 이직을 권하기로 결정했다.

7 **并且** 접속사 게다가

1. 두 단어 혹은 두 개의 동일 구조 사이에 사용되어 병렬 관계를 나타낸다.

❶ 我这次去纽约是去找工作，并且想看看老朋友。

내가 이번에 뉴욕에 가는 것은 일을 찾기 위해서이기도 하고 오랜 친구를 보고 싶어서이기도 하다.

❷ 智能手机有多种功能，并且携带方便，所以很受欢迎。

스마트폰은 여러 가지 기능이 있을 뿐만 아니라 휴대하기도 편리하기 때문에 인기가 많다.

❸ 夏天坐地铁有空调，很凉快，并且非常准时，所以上班族都喜欢坐地铁。

여름에 지하철을 타면 에어컨이 있어서 시원할 뿐만 아니라 시간도 정확하게 지키기 때문에 직장인들은 모두 지하철을 즐겨 탄다.

? 더 심화된 상황을 나타내며 '不但'과 함께 사용하기도 한다.

❶ 他不但赞成，并且愿意帮忙。

그는 찬성할 뿐만 아니라 돕고 싶어 한다.

❷ 据调查，39%的"低头族"表示对手机等电子设备不但有依赖症，并且一想到没有手机的生活就会有恐慌感。

조사에 따르면, 39%의 '수그리족'이 휴대전화 등의 전자기기에 대한 의존증이 있고, 휴대전화가 없는 삶은 생각만 해도 공포감이 든다고 했다.

---

⑧ **进行** + 과정을 나타내는 2음절 동사 (어떤 활동)을 진행하다

예 **进行体育锻炼** 운동을 하다 ┃ **进行研究** 연구를 하다 ┃ **进行讨论** 토론을 하다 ┃ **进行调查** 조사하다 ┃ **进行思考** 사고하다, 생각하다 ┃ **进行改革** 개혁하다 ┃ **进行说明** 설명하다

❶ 建议大家合理利用手机、平板电脑等电子产品，每天适当"断网"，经常参加聚会、看书、进行体育锻炼，让自己有意识地从"每时每刻"、"无处不在"的网络中解脱出来。

모두가 합리적으로 휴대전화, 태블릿 PC 등의 전자 제품을 이용하고, 매일 적당히 '인터넷을 하지 않으며', 자주 모임에 나가고 독서를 하고 운동을 하면서 자신을 의식적으로 '언제나', '어디에나 있는' 인터넷으로부터 해방시켜야 한다.

❷ 在课上大家对中国的人口政策进行了讨论。

수업에서 다같이 중국의 인구 정책에 대해 토론했다.

❸ 警方正在对这个枪击案进行调查。

경찰 측이 이 총격 사건에 대해 조사를 하고 있는 중이다.

❹ 从上个世纪八十年代起，中国开始对经济体制进行全面改革。

1980년대부터 중국은 경제체제에 대한 전면적 개혁을 진행하기 시작했다.

5-3

风靡一时的"自拍奥运会"

一场极具想象力的"自拍奥运会"近期风靡国外多个社交网站,短短几天已有数十万参与者。有人将自己像衣服一样悬挂在房门之上,有人一头倒栽在浴室的盥洗池中,还有人则利用角度拍出了"人身狗脸"的效果。国外媒体调侃说,这场"自拍奥运会"的口号,应是"更高,更强,更二"。

"自拍"这个词的来源

"自拍"是"2013年最热词"。追根溯源,"自拍"其实并不算一个新词,它最早出现在2002年澳大利亚的一个互联网论坛上。当时,一名澳洲男子上传了他不慎摔下台阶导致脸部受伤的照片,并在图片说明中用了"自拍"这个词。不过,直到近几年随着智能手机、平板电脑、社交网站的发展,这个词才真正在世界范围内流行起来。

自拍与自恋

如今任何一家社交网站都会有五花八门的自拍照。无论是普通人还是公众人物都会通过自拍照来展示自己的生活和个性。知名人物还以此来扩大知名度。美国明星金·卡戴珊的自拍照曾在推特网获得一百多万网友点"赞",奥巴马在曼德拉葬礼上与丹麦首相施密特自拍引发了争议。自拍之风甚至刮到了外太空——去年年底,美国宇航员麦克·霍普金以地球为背景拍下的自拍照,也让他成为了媒体关注的焦点。

有人说如今我们已经进入一个"自恋时代"，因为每个人都想把自己最好的一面展示在社交网站这个虚拟的博物馆里。社交网络时代的自拍热潮已经成为了一种网络文化。自拍流行的原因在于它激活了人本性中的自恋情结，能让人们在自我欣赏中获得满足。同时，看别人的自拍照则满足了人们的窥私欲，他们的好评和点"赞"，又增加了自拍者的"创作"热情。从表面看，自拍是一种自恋而肤浅的行为，但是根据弗洛伊德理论，大多数热衷自拍的人，展现给世人的都不是真正的"自我"，而是经过选择和编辑后的"自我"。自我欣赏当然没有错，但网络归根结底是一个虚拟的场所，旁人的好评很可能只是出于礼貌，甚至在绝大多数时候都是一种无意义的表达。如果将自拍当作一种自我认知和社会认同的方式，甚至失去以真实自我进行社交的能力，显然是不可取的。网络已经渐渐改变了我们的生活习惯和思维方式。但不管是通过自拍分享乐趣，还是通过自拍增加存在感，在看与被看的社交互动中，不被电子设备奴役，认清虚拟与真实的界限，才是最重要的。

본문의 내용에 근거하여 다음 문제에 대해 이야기해 보세요.

1. 参加"自拍奥运会"的人都拍什么样的照片？
"自拍"是怎么流行起来的？

2. 作者认为普通人物或者公众人物为什么喜欢自拍？

3. 作者认为自拍流行的原因是什么？

4. 对"自拍是一种自我认知和被社会认同的方式"的观点，你有什么看法？

5. 你喜欢自拍吗？为什么？

∩ ♪-4

1	风靡一时	fēngmǐ yìshí	관용 한때를 풍미하다
2	自拍	zìpāi	동 셀카를 찍다　명 셀카
3	想象力	xiǎngxiànglì	명 상상력
4	悬挂	xuánguà	동 걸다, 매달다
5	倒栽	dàozāi	동 거꾸로 처박히다, 곤두박질치다
6	浴室	yùshì	명 욕실
7	盥洗	guànxǐ	동 씻다, 세면하다
8	池	chí	명 어구 못, 연못
9	角度	jiǎodù	명 각도
10	调侃	tiáokǎn	동 조롱하다
11	来源	láiyuán	명 내원, 근원, 출처　동 기원하다, 유래하다
12	追根溯源	zhuīgēn sùyuán	관용 사건의 발생 원인을 찾다
13	男子	nánzǐ	명 남자
14	上传	shàngchuán	동 올리다, 업로드하다
15	不慎	búshèn	동 부주의하다, 조심하지 않다
16	台阶	táijiē	명 계단
17	脸部	liǎnbù	명 안면
18	受伤	shòu//shāng	동 상처를 입다
19	图片	túpiàn	명 그림, 사진
20	自恋	zìliàn	동 자신을 사랑하다　명 나르시시즘
21	五花八门	wǔhuā bāmén	관용 형형색색, 여러 가지 모양, 천태만상, 다양하다
22	公众	gōngzhòng	명 대중
23	知名	zhīmíng	형 유명한, 저명한
24	明星	míngxīng	명 (영화계 등의) 스타
25	葬礼	zànglǐ	명 장례식
26	首相	shǒuxiàng	명 수상
27	太空	tàikōng	명 우주
28	宇航员	yǔhángyuán	명 우주인
29	焦点	jiāodiǎn	명 초점
30	博物馆	bówùguǎn	명 박물관
31	在于	zàiyú	동 ~에 있다
32	激活	jīhuó	동 활성화하다

33	本性	běnxìng	명 본성
34	情结	qíngjié	명 콤플렉스, 잠재의식
35	窥私欲	kuīsīyù	명 관음욕
36	好评	hǎopíng	명 호평
37	肤浅	fūqiǎn	형 (학식이나 이해가) 얄다, 천박하다
38	展现	zhǎnxiàn	동 나타내다
39	世人	shìrén	명 세상 사람, 일반인
40	编辑	biānjí	동 편집하다 명 편집자
41	归根结底	guīgēn jiédǐ	관용 결국에는, 끝내
42	旁人	pángrén	명 옆사람, 방관자
43	认知	rènzhī	동 인지하다 명 인지
44	认同	rèntóng	동 동일시하다 명 동일시
45	思维	sīwéi	명 사유, 생각
46	乐趣	lèqù	명 즐거움, 재미
47	奴役	núyì	동 노역하다
48	认清	rènqīng	똑똑히 알다
49	界限	jièxiàn	명 경계

고유명사

1	奥运会	Àoyùnhuì	올림픽
2	澳大利亚	Àodàlìyà	국명 오스트레일리아, 호주
3	澳洲	Àozhōu	국명 오스트레일리아, 호주 [澳大利亚의 준말]
4	金·卡戴珊	Jīn Kǎdàishān	인명 킴 카다시안(Kim Kardashian)
5	奥巴马	Àobāmǎ	인명 버락 오바마(Barack Obama)
6	推特	Tuītè	트위터(Twitter)
7	曼德拉	Màndélā	인명 넬슨 만델라(Nelson Mandela)
8	丹麦	Dānmài	국명 덴마크
9	施密特	Shīmìtè	인명 헬레 토르닝 슈미트(Helle Thorning Schmidt)
10	麦克·霍普金	Màikè Huòpǔjīn	인명 마이크 홉킨스(Mike Hopkins)
11	弗洛伊德	Fúluòyīdé	인명 지그문트 프로이드(Sigmund Freud)

6

女性维权非小事 社会关注人人知

여성의 권익 보호, 사소한 일이 아니라 사회가 관심을 기울이고 모두가 알고 있어야 할 문제

6-1

女性维权非小事 社会关注人人知

"男女平等"的口号已经喊了很多年，如今问题真的解决了吗？当今的社会，在某些情况下性别歧视还非常严重，而这种歧视侵染了人们的语言，也反映在各种社会现象中。可喜的是现代女性的维权意识正在逐渐增强，而她们的努力向社会敲响了性别道德的警钟。

羊年"春晚"的性别歧视风波

2015年春晚❶，一出小品《喜乐街》❷让"女神与女汉子"❸的话题引爆网络和媒体。民间女权人士认为，这有歧视侮辱女性之嫌。但也有人觉得这是小题大做，"应该宽容乃至尊重艺术作品塑造的艺术形象，不必耿耿于怀"。

之后"网易娱乐"❹也就"春晚小品中出现'二手货❺'、'剩女❻'等是否歧视女性"进行了调查。参与的网友有三万多人，只有近四分之一的人认为"春晚有

---

❶ **春晚** 춘완. 중국 중앙방송국(CCTV)에서 방영하는 음력 설 특집 새해맞이 프로그램《春节联欢晚会》의 약칭. 1983년부터 매년 방영되고 있으며, 최고의 시청률을 자랑한다. 콩트, 노래, 춤, 잡기, 마술, 만담 등 다양한 장르로 구성되어 있다.

❷ **《喜乐街》** 2015년 CCTV 춘완에서 선보인 콩트. 모델처럼 예쁜 쥐잉(瞿穎)과 뚱뚱하고 거침없는 쟈링(贾玲)이 등장하여 '여신 대 여장부'의 대결을 펼친다. 결국에는 쟈링이 이기는 내용으로 비록 외모도 능력도 열등해 보이지만 완벽해 보이는 미녀보다 더 멋진 미래가 있을 수 있다는 메시지를 전달한다.

❸ **女神与女汉子** 2015년 CCTV 춘완의 콩트《喜乐街》에서 쟈링(贾玲)과 쥐잉(瞿穎)을 비유한 말로 인터넷 용어로 널리 퍼져나갔다.

❹ **网易娱乐** 넷이스는 방송연예 관련 기사와 컬럼을 게재하여 연예인, 영화, 텔레비전, 음악, 동영상 등의 엔터테인먼트 정보를 제공하는 엔터테인먼트 사이트이다. (ent.163.com)

❺ **二手货** 원래는 중고품을 가리키는 단어이지만 재혼한 여성을 희화하여 가리키기도 한다.

❻ **剩女** 2007년 중국 교육부에서 공포한〈중국 언어생활 상황 보고서(2006)〉에 수록된 신조어 가운데 하나로, 사회 통념상 적령기를 넘긴 미혼 여성을 가리키며, 대체로 27세 이상의 독신여성을 말한다.

严重的大男子主义倾向"，而三分之二的人都认为"所谓歧视是过度解读"。虽然这个调查结果并不让人欣慰，但至少说明，性别歧视通过春晚事件受到了社会的广泛关注。这番争论本身已极具正面意义：因为通过民间女权人士的发声、观众的吐槽，这场讨论在社会意识层面唤起了普通大众对性别歧视的重视，强化了全社会的性别敏感性。

《中国妇女报》事后撰文说："也许，在许多人看来，'女汉子'、'女神'、'剩女'这类称谓只是生动好玩的网络用语，并不带有性别歧视色彩，甚至'女汉子'这样的词还是对独立自强、能干、有个性的女性的褒扬。他们并未深究，'女汉子'的说法本身就带有价值判断：即她们是'像男人一样的女人'，她们被人称颂的品格本该是男人所具有的，而大多数并非'汉子'的女人则柔弱无能。这其实隐含了对女性整体的歧视。'女神'的称谓虽然是褒义，但褒扬的却是女性漂亮的外貌、受男人欢迎的气质形象，仍然是从男性视角和男性对女性的价值判断来定义的。"

女大学生就业维权第一案的成功

2013年12月18日，山西籍女大学生曹菊（化名）因在应聘中遭性别限制，起诉招聘单位北京巨人环球教育科技有限公司一案，在北京市海淀区人民法院开庭审理。这是在《就业促进法》[7]发布并生效五年后，首例以"维护女性合法权益"为由向法院提起的诉讼。此事曾被媒体广泛报道，被称为"中国就业性别歧视第一案"。

2012年6月，曹菊从北京某学院毕业。她在求职网站上看到巨人教育招聘行

❼ 《就业促进法》 〈취업 촉진법〉. 경제발전과 취업 확대가 서로 조화를 이루고, 사회의 조화로운 안정을 촉진하기 위해 제정된 법률이다. 2008년부터 시행되었다.

政助理的信息，觉得自己各方面条件都很符合要求，于是投递了求职申请。半个月后，曹菊通过电话询问巨人教育，得到一名工作人员答复："这个职位只招男性，即使你各项条件都符合，也不会予以考虑。"曹菊通过法律咨询意识到，用人单位因为性别原因拒录属于性别歧视，违反了《就业促进法》、《妇女权益保障法》[8]等相关法律法规。2012年7月，曹菊向北京市海淀区法院递上了一纸诉状，决定通过法律途径来维护自己的合法权益。

曹菊案受到了很多女性求职者的关注。法院开庭时，一位来自中华女子学院的大学生告诉记者，她一直在关注曹菊这个案件的进展，作为一名女大学生，在就业中遭遇性别歧视十分普遍，大多数人都选择沉默，而曹菊能拿起法

律的武器捍卫自己的权利，值得大家为她加油、鼓劲。在庭审时，巨人教育公司董事长尹雄决定放弃辩护权，向曹菊公开道歉，并同意给曹菊人民币三万元作为赔偿。同时，巨人教育负担案件受理费。

以上的两例个案很具有代表性，反映了社会中性别歧视仍然存在的现实。把女性视为"性交对象"、"性感象征"，用语言给她们牢牢地钉上性别标签的大有人在。甚至有些女性自己也常常套用带有性别歧视的语言而没有意识到其对女性的不尊重。至于反映在婚恋、家庭和职场上的男女不平等现象也还是随处可见、举不胜举。我们强调的是：男女平等、维护性权、主持公正是我们需要共同努力的目标，也是社会高度文明的重要标志。希望我们的社会在这个方面不断进步、越做越好！

---

❽《妇女权益保障法》〈여성 권익 보장법〉. 여성의 합법적인 권익을 보장하고 남녀평등을 촉진하여 여성이 사회주의 현대화건설에서의 역할을 충분히 발휘할 수 있도록 헌법과 중국의 실제 상황에 근거하여 제정된 법률이다. 1992년에 제정·시행되었다.

이야기해 봅시다

본문의 내용에 근거하여 다음 문제에 대해 이야기해 보세요.

1. 中国的女权人士对"女神"、"女汉子"、"二手货"、"剩女"这些形容女性的词语是怎么看的?

2. 在作者看来,对春晚是否存在性别歧视的讨论有什么意义?

3. 为什么说"女神"、"女汉子"这样的说法本身就带有价值判断?

4. 女大学生曹菊为什么要向北京市海淀区法院起诉巨人教育? 法庭审理的结果是什么?

5. 为什么很多女性求职者都很关注曹菊的案子? 这个案子的意义是什么?

6. 为什么作者认为文章中的两个女性受歧视的案例很有代表性? 这两个例子反映出了社会中还存在着什么样的问题?

生词 단어

1	维	wéi	동 유지하다, 보존하다
2	权	quán	명 권리, 자격
3	男女平等	nánnǚ píngděng	관용 남녀평등
4	性别	xìngbié	명 성별
5	歧视	qíshì	동 차별
6	侵染	qīnrǎn	동 감염시키다, 오염시키다
7	可喜	kěxǐ	형 기쁜, 활기찬
8	增强	zēngqiáng	동 강화하다
9	警钟	jǐngzhōng	명 경종, 알람벨
10	风波	fēngbō	명 풍파, 분쟁, 소란
11	小品	xiǎopǐn	명 소품, 촌극
12	喜	xǐ	어근 행복한, 기쁜
13	乐	lè	명 어근 즐거움, 즐겁다
14	女神	nǚshén	명 여신
15	汉子	hànzi	명 남자, 대장부
16	引爆	yǐnbào	동 기폭제가 되다, 야기하다
17	侮辱	wǔrǔ	동 모욕하다 명 모욕, 굴욕
18	嫌	xián	명 혐의
19	小题大做	xiǎotí dàzuò	관용 일을 요란스레 처리하다, 작은 일로 떠들썩하게 굴다
20	塑造	sùzào	동 빚어서 만들다, 형상화하다
21	耿耿于怀	gěnggěngyúhuái	관용 ~을 마음에 새기다, 마음에 두고 있다
22	二手货	èrshǒuhuò	명 중고품
23	剩女	shèngnǚ	명 노처녀
24	大男子主义	dà nánzǐ zhǔyì	관용 남성우월주의, 남성중심주의
25	解读	jiědú	명 해독, 해석
26	欣慰	xīnwèi	형 기쁜, 위안이 되는, 기쁘고 안심이 되는
27	番	fān	양 종류, 가지, 번 [사건과 횟수를 세는 단위]
28	本身	běnshēn	대 그 자신, 그 자체
29	吐槽	tǔ//cáo	동 비아냥거리다, 툴툴거리다, 질타하다
30	层面	céngmiàn	명 ~방면, 측면
31	唤起	huànqǐ	동 환기하다, 일깨워 주다
32	大众	dàzhòng	명 대중

33	强化	qiánghuà	동 강화하다
34	敏感	mǐngǎn	형 민감한, 예민한
35	撰文	zhuàn//wén	동 기사를 쓰다
36	称谓	chēngwèi	명 호칭, 칭호
37	用语	yòngyǔ	명 용어
38	自强	zìqiáng	동 스스로 분발하다, 스스로 노력하다
39	褒扬	bāoyáng	동 칭찬하다
40	并未	bìngwèi	결코(아직) ~한 적이 없다
41	深究	shēnjiū	동 깊이 따지다, 철저히 규명하다
42	说法	shuōfa	명 표현, 견해
43	称颂	chēngsòng	동 칭송하다, 칭찬하다
44	品格	pǐngé	명 (문학 또는 예술작품의) 풍격, 품격
45	柔弱	róuruò	형 유약한, 연약한
46	无能	wúnéng	형 무능한
47	隐含	yǐnhán	동 내포하다, 함의하다
48	整体	zhěngtǐ	명 전체, 전부
49	褒义	bāoyì	명 칭찬의 의미, 긍정적인 의미
50	外貌	wàimào	명 외모, 겉모습
51	气质	qìzhì	명 기질, 태도
52	视角	shìjiǎo	명 시각, 관점
53	定义	dìngyì	명 정의 동 정의하다
54	案	àn	명 어근 안건, 사안
55	籍	jí	명 어근 출생지, 고향
56	化名	huàmíng	명 가명
57	应聘	yìngpìn	동 일자리에 지원하다, 취업 제의를 받아들이다
58	遭	zāo	동 (불행이나 불리한 일을) 만나다, 당하다
59	起诉	qǐsù	동 기소하다, 소송을 제기하다
60	巨人	jùrén	명 거인
61	有限公司	yǒuxiàn gōngsī	유한회사, 주식회사
62	法院	fǎyuàn	명 법원
63	开庭	kāi//tíng	동 개정하다, 법정을 열다
64	审理	shěnlǐ	동 (법원이 사건을) 심리하다 명 심리, 심사 처리

65	生效	shēng//xiào	동 효력을 발휘하다
66	例	lì	명 어근 예, 사례, 보기
67	合法	héfǎ	형 합법적인
68	权益	quányì	명 권익
69	提起	tíqǐ	동 (소송을) 제기하다
70	诉讼	sùsòng	명 소송
71	行政	xíngzhèng	명 행정
72	助理	zhùlǐ	명 보조원
73	投递	tóudì	동 (공문·서신 따위를) 송부하다, 보내다
74	询问	xúnwèn	동 알아보다, 문의하다
75	答复	dáfù	동 답변하다, 대답하다
76	招	zhāo	동 모집하다
77	予以	yǔyǐ	동 ~을 주다
78	拒	jù	동 어근 거절하다
79	法规	fǎguī	명 법규
80	诉状	sùzhuàng	명 소장, 고소장
81	途径	tújìng	명 경로, 절차
82	遭遇	zāoyù	동 (적·불행·어려움 등을) 조우하다, 맞닥뜨리다
83	捍卫	hànwèi	동 지키다, 수호하다
84	权利	quánlì	명 권리
85	加油	jiā//yóu	동 관용 기름을 넣다, 노력을 더하다, 격려하다, 응원하다
86	鼓劲	gǔ//jìn	동 기운을 북돋우다
87	庭审	tíngshěn	명 법정 심문
88	董事长	dǒngshìzhǎng	명 회장, 이사장
89	辩护	biànhù	동 변호하다
90	负担	fùdān	동 (책임·업무·비용 등을) 부담하다, 책임지다 명 부담, 책임
91	受理	shòulǐ	동 (소장을) 접수하여 심리하다, 　　(업무 등을) 받아서 처리하다
92	个案	gè'àn	명 개별 안건
93	代表性	dàibiǎoxìng	명 대표성
94	视为	shìwéi	~로 간주하다, ~로 보다
95	性交	xìngjiāo	동 성교하다, 섹스하다

96	性感	xìnggǎn	형 섹시한
97	象征	xiàngzhēng	명 심볼, 아이콘
98	牢牢	láoláo	부첩 단단하게, 견고하게
99	钉	dìng	동 못을 박다
100	标签	biāoqiān	명 라벨, 태그
101	大有人在	dàyǒurénzài	관용 ~하는 사람이 많다, 그런 사람은 얼마든지 있다
102	套用	tàoyòng	동 그대로 따르다, 기계적으로 적용하다, 답습하다
103	随处可见	suíchù kějiàn	관용 지천에 널려있다, 어디서든 볼 수 있다
104	举不胜举	jǔbúshèngjǔ	관용 이루 다 헤아릴 수가 없다, 부지기수이다
105	主持	zhǔchí	동 지지하다, 옹호하다, 수호하다
106	公正	gōngzhèng	형 공정한

고유명사

1	春晚	Chūnwǎn	춘완 [매년 설날 전야에 CCTV에서 방영되는 '설맞이 특별 공연'의 약자]
2	网易	Wǎngyì	넷이스(Netease) [중국의 인터넷 회사]
3	中国妇女报	Zhōngguó Fùnǚ Bào	중국여성신문
4	山西	Shānxī	지명 산시
5	曹菊	Cáo Jú	인명 차오쥐
6	海淀区	Hǎidiàn Qū	지명 하이뎬 구
7	就业促进法	Jiùyè Cùjìn Fǎ	취업 촉진법
8	妇女权益保障法	Fùnǚ Quányì Bǎozhàng Fǎ	여성 권익 보장법
9	中华女子学院	Zhōnghuá Nǚzǐ Xuéyuàn	중화여자전문대
10	尹雄	Yǐn Xióng	인명 인슝

词语注释 　표현 해설

1 형태소

1 严─ : 정도가 심한, 지독한

예 严重 심각하다 | 严苛 가혹하다 | 严厉 호되다, 매섭다 | 严刑 엄벌, 가혹한 형벌 | 严寒 혹한, 추위가 심하다 | 严冬 엄동, 추운 겨울

2 逐─ : 일정한 순서에 따라

예 逐渐 점차 | 逐步 점진적으로, 차츰차츰 | 逐个 하나씩, 일일이 | 逐日 날마다, 매일 | 逐年 해마다, 매년 | 逐一 일일이, 남김없이 | 逐字 한 글자 한 글자 | 逐句 한 뮤구씩

3 ─侮/侮─ : 모욕하다, 업신여기다, 무시하다

예 欺侮 업신여기고 모욕하다 | 外侮 외부로부터 받는 모욕 | 侮慢 업신여기다, 깔보다 | 侮辱 모욕하다, 수치심을 주다 | 侮蔑 모멸하다, 경멸하다

4 唤─/─唤 : 큰 목소리를 내서 상대방이 각성하거나 주의를 기울이게 하다

예 唤起 불러일으키다, 환기하다 | 唤醒 불러서 깨우다, 일깨우다 | 呼唤 큰소리로 부르다, 외치다 | 唤来 불러오다 | 唤出 불러내다

5 ─称/称─ : 불리다, ~로 일컫다, 명칭

1. 불리다, ~로 일컫다
   예 人称 인칭 | 自称 스스로 일컫다 | 称为 ~로 일컫다, ~로 불리다

2. 명칭
   예 名称 명칭 | 简称 약칭 | 称谓 호칭 | 称呼 칭호

6 褒－ : 칭찬하다

> 예 **褒义** 칭찬하는 긍정의 의미 ｜ **褒贬** 좋고 나쁨을 평하다 ｜ **褒称** 칭찬이나 존경을 나타내는 호칭 ｜
> **褒词** 칭찬의 말 ｜ **褒扬** 칭찬하다 ｜ **褒奖** 표창, 장려

7 －护 / 护－ : 보호하다, 수호하다

> 예 **辩护** 변호하다 ｜ **维护** 지키다, 수호하다 ｜ **爱护** 애호하다 ｜ **拥护** 옹호하다, 지지하다 ｜ **保护** 보
> 호하다 ｜ **护路** 도로를 보수하다 ｜ **护航** 선박이나 비행기를 호위하다, 호송하다

2 성어와 숙어

1 小题大做 작은 일을 큰 일로 여겨 처리하다

작은 일을 떠들썩하게 만들거나 고의로 과장함을 나타낸다.

❶ 民间女权人士认为，这有歧视侮辱女性之嫌。但也有人觉得这是小题大做。

민간 페미니스트들은 이것이 여성을 차별하고 모욕하려는 소지가 있다고 보았다. 하지만 일부 사람들은 이는 사소한 문제를 크게 키우는 것이라고 여긴다.

❷ 小明有点儿感冒发烧。妈妈让他去医院看看，可是他觉得这么点儿小病，用不着小题大做。

샤오밍은 감기 기운이 있고 열도 난다. 엄마는 그에게 병원에 가보라고 했지만, 그는 이렇게 사소한 병에 굳이 호들갑을 떨 필요가 없다고 생각했다.

❸ 因为孩子的事儿，她总跟丈夫吵架，于是她就要跟丈夫离婚。可朋友们都觉得夫妻之间有不同看法很正常，不用小题大做。

아이의 일 때문에 그녀는 항상 남편과 말다툼을 해서 남편과 이혼하려고 한다. 그렇지만 친구들은 모두 부부 간에 다른 의견이 있는 것은 매우 정상적이며, 사소한 문제를 크게 생각할 필요가 없다고 생각한다.

❹ 请你不要把这件事情想得那么复杂，真是小题大做！

이 일을 그렇게 복잡하게 생각하지 마세요. 정말 별것 아닌 것을 심각하게 여기는 겁니다!

2 耿耿于怀 한 가지 일에 대해 늘 마음 놓지 못하고 연연해하다

❶ (我们)应该宽容乃至尊重艺术作品塑造的艺术形象，不必耿耿于怀。

(우리는) 예술 작품이 만들어내는 예술적 이미지를 너그럽게 받아들이고 존중해야 할 뿐, 굳이 마음에 담아둘 필요는 없다.

❷ 小李的男朋友上次约会时迟到了一个小时。这件事让小李一直耿耿于怀。

샤오리의 남자 친구가 지난번 데이트 때 한 시간 늦었다. 이 일을 샤오리는 늘 마음에 담아두고 연연해한다.

❸ 我们应该对别人宽容一些，不计较小事，对别人的过失也不必耿耿于怀。

우리는 다른 사람에게 좀 관대해야 한다. 사소한 일을 따지지 말고, 다른 사람의 잘못에 대해서도 마음에 담아둘 필요가 없다.

❹ 上次我没有满足他的无理要求，他一直耿耿于怀。

지난번에 내가 그의 억지스러운 요구를 들어주지 못했는데, 그는 줄곧 마음에 담아두고 있다.

3 大有人在 ~하는 사람이 아주 많다

어떤 사람들의 수가 매우 많음을 나타낸다.

❶ 把女性视为"性交对象"、"性感象征"，用语言给她们牢牢地钉上性别标签的大有人在。

여성을 '섹스 대상'과 '섹시 아이콘'으로 여기고, 말로 그녀들에게 성별의 꼬리표를 단단히 달아주는 사람은 매우 많다.

❷ 在中国，有"重男轻女"观念的还大有人在。

중국에는 '남존여비'의 관념을 가진 사람들이 여전히 매우 많다.

❸ 虽然大家都知道抽烟对身体不好，可是抽烟的还大有人在。

비록 모두가 흡연이 건강에 나쁘다는 것을 알지만, 흡연하는 사람들은 여전히 매우 많다.

❹ 虽然北京的私家车早已超过五百万辆，想买车的还大有人在。

비록 베이징의 자가용은 이미 500만 대가 넘지만, 차를 사고 싶어 하는 사람들은 여전히 아주 많다.

4 随处可见 어디서든 볼 수 있다, 지천에 널려있다

어떤 사물이 매우 보편적으로 자주 보인다는 의미이다.

❶ 反映在婚恋、家庭和职场上的男女不平等现象也还是随处可见、举不胜举。

결혼과 연애, 가정과 직장에 반영된 남녀불평등 현상 역시 어디서든 볼 수 있을 정도로 헤아릴 수 없이 많다.

❷ 这个地方又脏又乱，垃圾随处可见。

이곳은 더럽고 어수선하며 쓰레기가 도처에 널려있다.

❸ 在中国，可口可乐的广告随处可见，不但大城市有，在小城市和乡下也见得到。

중국에서 코카콜라 광고는 어디서나 볼 수 있다. 대도시에 있을 뿐 아니라 소도시와 시골에서도 볼 수 있다.

❹ 上海是个国际化的大城市，英文的商店招牌和外国的商品广告随处可见。

상하이는 국제화된 대도시로, 영어로 된 상점 간판과 외국 상품 광고를 도처에서 볼 수 있다.

5 举不胜举 아무리 열거해도 다 열거할 수 없다

수량이 매우 많음을 묘사한다.

❶ 反映在婚恋、家庭和职场上的男女不平等现象也还是随处可见、举不胜举。
결혼과 연애, 가정과 직장에 반영된 남녀불평등 현상 역시 어디서든 볼 수 있을 정도로 헤아릴 수 없이 많다.

❷ 他很喜欢帮助别人，做的好事举不胜举。
그는 다른 사람을 돕는 것을 매우 좋아해서 실행한 선행이 헤아릴 수 없이 많다.

❸ 这个影视演员演过上百部电影和电视剧，扮演过的大小角色举不胜举。
이 영화 배우는 100여 편의 영화와 드라마에 출연했고, 맡았던 크고 작은 배역은 헤아릴 수 없이 많다.

❹ 在这次战争中，为了保卫祖国、抗击侵略者而死去的人举不胜举。
이번 전쟁에서 조국을 수호하고 침략자에 항거하기 위해 사망한 사람은 헤아릴 수 없이 많다.

❸ 어구와 문형

❶ 就 전치사 ~에 관하여

동작의 대상 혹은 범위를 이끈다. '就'가 이끄는 전치사구는 부사어로 기능하며, 주어 뒤에 위치하거나 주어(+ 술어) 앞에 위치한다.

❶ "网易娱乐"也就"春晚小品中出现'二手货'、'剩女'等是否歧视女性"进行了调查。

'넷이스 엔터테인먼트'에서도 춘완의 촌극에 등장한 '중고품', '노처녀' 등이 여성을 차별했다고 보는지에 대해 조사했다.

❷ 大家就环境保护问题进行了热烈的讨论。

모두가 환경 보호 문제에 대해 열띤 토론을 했다.

❸ 就中文水平来说，这本书要比那本书难一些。

중국어 수준에 대해 말하자면, 이 책은 저 책보다 좀 어렵다.

❹ 就工作机会而论，像纽约这样的大城市比小地方要多得多。

일할 기회에 대해 논하자면, 뉴욕과 같은 대도시가 소지역보다 훨씬 많다.

❷ 通过 전치사 ~을 통하여, ~에 의해, ~을 거쳐

동작의 매개 혹은 수단을 이끈다. '通过'가 이끄는 전치사구는 주어 뒤 혹은 주어(+ 술어) 앞에 위치한다.

❶ 性别歧视通过春晚事件受到了社会的广泛关注。

성차별은 춘완 사태를 통해 사회적으로 광범위한 주목을 받았다.

❷ 通过民间女权人士的发声、观众的吐槽，这场讨论在社会意识层面唤起了普通大众对性别歧视的重视。

민간 페미니스트들의 발언과 시청자들의 비난을 거치면서 이번 논의는 사회의식 측면에서 성차별에 대한 일반 대중의 관심을 환기시켰다.

❸ 她决定通过法律途径来维护自己的合法权益。

그녀는 법적 절차를 통해 자신의 합법적인 권익을 지키기로 결정하였다.

❹ 通过朋友介绍，我认识了她。

친구의 소개로 나는 그녀를 알게 되었다.

❺ 通过几年的努力，他终于写完了那本书。

몇 년간의 노력을 거치면서 그는 마침내 그 책을 다 썼다.

3 即使(即便) 전치사 설령(설사) ~하더라도

가정과 양보를 나타내며, '~에도 불구하고'의 의미를 나타낸다. 후행절에는 '也'를 쓸 수 있다.

❶ 这个职位只招男性，即使你各项条件都符合，也不会予以考虑。

이 일자리는 남성만 채용하므로 설령 당신이 여러 조건에 모두 부합하더라도 채용을 고려하지 않을 것이다.

❷ 即使你说错了，也没有关系。

설령 당신이 잘못 말했더라도 상관없어요.

❸ 飞机还有半个小时就起飞，而从我们这儿到机场要四十分钟。即使你现在赶去，也来不及了。

비행기가 30분만 있으면 이륙하는데, 여기서 공항까지는 40분이 걸린다. 설령 네가 지금 서둘러 가더라도 시간에 맞추지 못한다.

❹ 做事要有始有终。即使有再大的困难，也要坚持下去。

일을 하는 데 있어 시작과 끝이 있어야 한다. 아무리 큰 어려움이 있더라도 견뎌내야 한다.

4 受到 동사 받다, 얻다

❶ 曹菊案受到了很多女性求职者的关注。

차오쥐 사건은 많은 여성 구직자의 주목을 받았다.

❷ 曹菊起诉招聘公司是因为她觉得自己在求职时受到了性别歧视。

차오쥐가 채용 회사를 고소한 것은 구직 중에 자신이 성차별을 당했다고 느꼈기 때문이다.

❸ 他今天受到了老师的批评。

그는 오늘 선생님께 야단을 맞았다.

❹ 他觉得自己受到了不公平的待遇。

그는 자신이 불공평한 대우를 받았다고 느꼈다.

5 **至于** 신치사 ~에 관해 말하면, ~에 관해서는

절 또는 문장의 앞부분에 쓰여 새로운 화제를 제시한다. '至于'가 이끄는 명사, 동사구, 절이 화제가 되는 부분이다.

❶ 至于反映在婚恋、家庭和职场上的男女不平等现象也还是随处可见、举不胜举。

결혼과 연애, 가정과 직장에 반영된 남녀불평등 현상 역시 어디서든 볼 수 있을 정도로 헤아릴 수 없이 많다.

❷ 这是我的个人看法。至于别人怎么看，我不太清楚。

이것은 나의 개인적인 견해이다. 다른 사람들이 어떻게 보는가에 관해서는 난 잘 모른다.

❸ 北京现在有大量流动人口。至于每年到底有多少流动人口在北京生活和工作，以及他们怎么解决住房和孩子上学的问题，就需要做具体的调查研究了。

베이징은 현재 유동 인구가 매우 많다. 매년 얼마나 많은 유동 인구가 베이징에서 생활하고 일하고 있는지, 그들이 주택 문제와 아이들의 교육 문제를 어떻게 해결하는지에 관해서는 구체적인 조사 연구를 해야 한다.

❹ 我只知道她计划明年到中国去学习。至于什么时候去，到哪个大学去学习，我就不知道了。

나는 그녀가 내년에 중국에 공부하러 갈 계획이라는 것만 알고 있다. 언제 가는지, 어느 대학으로 공부하러 가는지에 관해서는 나는 모른다.

🎧 6–3

从《爸爸去哪儿》看现代男性在家庭中的角色转换

　　五位明星爸爸和他们的孩子出现在中国各地，在西部沙漠骑骆驼，在东部海边钓鱼，在遥远的西南部云南卖菜。一位爸爸不会给女儿梳头，另一位爸爸必须和儿子一起在沙漠里度过三天，两人只能吃方便面果腹。这就是电视真人秀《爸爸去哪儿》❶节目的一些片段。这个节日主要是表现妈妈不在的七十二小时里，爸爸怎样和孩子相处。据美国《大西洋月刊》杂志网站报道，自2013年10月份开播以来，该节目已经成为中国最受欢迎的电视节目之一，每周的收视人数超过六亿。

　　这个节目为何如此受追捧？专家指出：创意新、明星做嘉宾、与旅游结合，还有孩子们的纯真可爱是这档节目成功的几个原因。而创意新主要指的是它反映了在现代家庭中男性和女性的角色转换，以及中国新生代父亲的育儿理念和方式。

　　"孩子受挫了，应该如何应对？"，"妈妈不在，爸爸如何跟孩子交流？"真人秀中的几位明星爸爸的育儿方法引发了观众对家庭教育的关注和讨论。北京师范大学学前教育副教授李敏谊说："在中国传统文化中，父亲是严厉的，母亲是慈祥的。但在这个节目里，我们看到爸爸们对孩子更温柔，更多地参与他们的成长。这个节目提出了现代中国社会的一个重要问题——在当今中国，爸爸的角色是什么？"

---

❶《爸爸去哪儿》　중국 후난 위성TV 방송국이 우리나라의 MBC 예능 프로그램 〈아빠! 어디가?〉의 라이선스를 구매하여 제작한 리얼리티쇼 프로그램으로 2013년의 시즌 1에서 2017년의 시즌 7까지 방영되었다.

《爸爸去哪儿》推动"向家庭伦理的回归"，提倡父亲腾出时间，照顾孩子的衣食住行，陪伴他们学习和游戏，与孩子共度宝贵的时光。而因为工作忙忽略了孩子的生活和成长却是当今不少父母的问题。据一家广告公司对502名中国成年人进行的调查，60%的父亲表示他们感觉自己没有足够的时间陪孩子，而女性的比例为37%。

"现代父母应该跟孩子建立一种什么样的关系，是继承传统的父子关系，还是提倡平等和互相尊重"是这档节目关注的另一个问题。传统的儒家思想以孝道为先，宣扬孩子顺从父母的意愿，在父母年老时照顾他们。现在中国父母越来越意识到应与孩子讨论并尊重他们的选择，这可能是帮助他们进入现代社会更恰当的方式。

长期以来，女性一直是中国家庭中照顾孩子的主要成员，但是随着越来越多的中国女性走入职场，一些人表示男性必须更加主动地承担家长的职责。自古以来被认为天经地义的"男主外，女主内"[2]的传统观念如今正在慢慢被打破。这种变化也在《爸爸去哪儿》这个节目中反映了出来。中国的新生代父亲似乎更愿意扮演"主内"的角色，分担养育孩子的重任。最近南京师范大学教育科学院的一项关于中学生性别角色观念的调查研究显示：61%的学生反对"男主外，女主内"的观念。他们认为不管男女，谁容易在事业上成功就应该由谁主外，事业上稍弱的一方可以同时兼顾家庭。

---

❷ **男主外，女主内** 일반적으로 남자는 주로 밖에서 돈을 벌거나 사업을 하고, 여자는 주로 가정에서 아이를 돌보고 부모를 봉양하고 가사를 담당한다는 뜻으로 남존여비의 사상이 반영된 표현이다.

📑 **본문의 내용에 근거하여 다음 문제에 대해 이야기해 보세요.**

1. 《爸爸去哪儿》是个什么样的节目？节目里的爸爸是什么样的爸爸？

2. 最近的调查显示，在中国，父亲觉得自己和孩子的关系怎么样？跟你们国家有什么不同？

3. 中国新一代父母的思想和传统的儒家思想有什么不同？

4. 观众看了这个节目后有什么反思？

5. 你对"男主外，女主内"的观念有什么看法？

1	转换	zhuǎnhuàn	통 전환하다, 바꾸다
2	各地	gèdì	명 각지, 각처
3	骆驼	luòtuo	명 낙타
4	钓鱼	diào//yú	통 낚시를 하다
5	遥远	yáoyuǎn	형 아득히 먼, 요원한
6	西南部	xīnánbù	명 남서부
7	梳头	shū//tóu	통 머리를 빗다
8	方便面	fāngbiànmiàn	명 인스턴트 라면
9	果腹	guǒfù	통 배불리 먹다, 배를 채우다
10	真人秀	zhēnrénxiù	명 리얼리티 쇼
11	相处	xiāngchǔ	통 (다른 사람들과) 함께 지내다, 같이 살다
12	杂志	zázhì	명 잡지
13	月份	yuèfèn	명 월
14	开播	kāibō	통 방송을 시작하다
15	收视	shōushì	통 (TV 프로그램을) 시청하다
16	人数	rénshù	명 사람 수
17	为何	wèihé	부 왜, 무엇 때문에
18	追捧	zhuīpěng	통 (유명인사 등을) 열렬히 추종하다
19	创意	chuàngyì	명 창의, 독창, 참신
20	纯真	chúnzhēn	형 순진한, 순수하고 진솔한
21	档	dàng	양 어근 가지, 편 [TV 프로그램 등을 세는 단위]
22	新生代	xīnshēngdài	명 신세대
23	受挫	shòucuò	통 좌절당하다, 좌절을 겪다
24	应对	yìngduì	통 대응하다, 대처하다, 상대하다
25	学前教育	xuéqián jiàoyù	유아 교육
26	副教授	fù jiàoshòu	부교수
27	慈祥	cíxiáng	형 자상한
28	温柔	wēnróu	형 부드럽고 상냥한, 온유한
29	回归	huíguī	통 (원래의 위치로) 회귀하다, 되돌아가다
30	腾	téng	통 (공간·시간 등을) 비우다 내다
31	陪伴	péibàn	통 (누군가와) 함께하다, 같이 있다
32	时光	shíguāng	명 시간, 나날

33	忽略	hūlüè	동 소홀히 하다, 등한히 하다
34	继承	jìchéng	동 계승하다, 승계하다, 상속하다, 이어받다
35	父子	fùzǐ	명 부자, 아버지와 아들
36	孝道	xiàodào	명 효도
37	宣扬	xuānyáng	동 선양하다, 널리 알리다
38	顺从	shùncóng	동 순종하다, 순순히 따르다
39	意愿	yìyuàn	명 소망, 바람, 염원
40	恰当	qiàdàng	형 알맞은, 적당한, 적절한
41	成员	chéngyuán	명 구성원
42	承担	chéngdān	동 (책임 등을) 지다, 맡다
43	职责	zhízé	명 직책, 책임, 의무
44	自古	zìgǔ	부 자고로, 예로부터
45	天经地义	tiānjīng dìyì	관용 만고불변의 이치, 진리, 당연한 도리
46	主	zhǔ	동 담당하다, 주관하다
47	分担	fēndān	동 분담하다, 나누어 맡다
48	养育	yǎngyù	동 기르다, 양육하다
49	重任	zhòngrèn	명 중임, 중책
50	兼顾	jiāngù	동 아울러 돌보다, 다 함께 고려하다

고유명사

1	云南	Yúnnán	지명 윈난
2	大西洋月刊	Dàxīyáng Yuèkān	애틀랜틱 먼슬리(Atlantic Monthly)
3	北京师范大学	Běijīng Shīfàn Dàxué	베이징사범대학
4	李敏谊	Lǐ Mǐnyì	인명 리민이
5	南京师范大学	Nánjīng Shīfàn Dàxué	난징사범대학

北京与伦敦：雾都治霾浅议

베이징과 런던: 스모그 도시의 스모그 관리에 대한 논의

北京与伦敦：雾都治霾浅议

　　21世纪的北京就像是19世纪的伦敦——它们都是在各自时代崛起速度最快的国都，也同样受到雾霾的严重袭击，成为世界上令人注目的"雾都"。

　　让我们先看看雾霾笼罩下的北京：灰蒙蒙的天空，混浊的空气和空中悬浮着的有毒微粒，戴口罩的市民，能见度极低的街道。这样一种令人压抑的景象为什么出现在北京呢？雾霾是多种污染源共同作用的结果。北京及周边地区人口众多、工业密集，煤炭又是主要能源，再加上丘陵环绕的地形，造成了北京空气污染在一年中的某些时期达到或超过危险水平。当污染指数超过了危险水平，就会对人体造成极大的危害。根据世界卫生组织出版的《2010年全球疾病负担研究》，在中国2010年早逝人群中，120万人的死亡与户外空气污染有关。

　　我们再看看19世纪工业时代的伦敦。令人窒息的烟雾长时间地笼罩着这个城市，直到20世纪50年代还未散去。"雾都"、"阴霾"、"昏暗"等词语常常出现在19世纪的英国名著中。查尔斯·狄更斯的小说《荒凉山庄》❶细致地描述了伦敦的雾："那是一种沁入人心深处的黑暗，是一种铺天盖地的氛围。"当时，供

---

❶《荒凉山庄》　1853년에 출간된 찰스 디킨스의 장편 소설《황폐한 집》. 다양한 주인공들이 이끄는 줄거리와 부차적인 플롯들이 다양하게 얽혀 있다. 법정에 대한 비판과 여성 이데올로기를 그려낸 사회비판 소설이며, 당시의 런던의 모습이 잘 묘사되어 있다.

暖的煤炭是烟雾的主要来源。到了20世纪中期，工业和车辆的有毒排放物使污染问题更加严重。雾霾给伦敦带来的伤害是巨大的。1952年的伦敦烟雾事件竟在一周里造成了4500人死亡，在几个月内一共夺去了12000人的生命。

伦敦的污染时间很长，持续了一个多世纪。如果这个悲剧在北京重演，那对北京将是一场灾难。中国政府已经认识到环境污染的危害性，采取了一系列的应对措施。在2014年APEC会议期间，北京政府对重度污染的工厂和工程实行限产、停产。同时，北京和周边8个城市采取了汽车单双号限行政策。这些措施大大改善了空气质量，北京又重现了蓝天，人们戏称之为"APEC蓝"[2]。"APEC蓝"是超常规治理的结果，虽然难以长期持续，却使人们看到了希望。伦敦对雾霾的成功治理也提供了很多值得借鉴的经验。从1956年开始，伦敦出台了一系列防止和控制空气污染的法案和措施：限制工业废气排放，减少烟尘和有毒颗粒物[3]；发展公共交通，缩减机动车数量。此外，伦敦还采用清洁能源，并大力发展低碳经济。到了1975年，伦敦的雾霾日已由每年几十天减少到了15天，1980年则进一步降到5天。北京应该向伦敦学习，让"APEC蓝"常驻北京。

目前，世界上很多城市都出现了不同程度的雾霾，雾霾已经成为一个世界性的难题。各地区、各个国家需要加强合作，互相学习，采取适当有效的措施，减少污染物的排放，发展和使用清洁能源，那样让雾霾永远散去才有希望。

---

❷ APEC蓝　APEC 블루. 2014년 중국에서 열린 아시아태평양경제협력체(APEC) 정상 회의 기간에 오랜만에 볼 수 있었던 베이징의 푸른 하늘을 가리킨다. 중국 정부는 APEC이 개최되는 동안 심각한 스모그현상을 완화하기 위해 차량 2부제 도입하고 인근 공장의 생산과 건설 현장의 시공을 중단하는 등 공해차단 조치를 내렸다.

❸ 颗粒物　미세 먼지(Particulate Matter, PM). 일반적으로 교통, 제련, 금속 처리와 같은 화석 연료 연소 과정에서 발생하여 공기 중에 발견되는 먼지(dust, dirt), 그을음, 연기, 액체 방울 등의 입자를 가리킨다. PM2.5(사람 머리카락의 평균 너비의 약 30분의 1에 해당하는 2.5㎛ 이하)보다 작은 초미세 먼지는 폐까지 깊숙이 침투하기 때문에 건강에 가장 큰 위험을 내포하고 있다고 여겨진다. 미국 EPA와 AQI 기준에 따르면 PM2.5의 초미세 먼지가 301~500에 이르면 대기오염이 심각해진다.

💬 본문의 내용에 근거하여 다음 문제에 대해 이야기해 보세요.

1. 在作者看来，北京和伦敦这两个城市有哪些相似之处？

2. 北京的雾霾是怎么造成的？它的危害是什么？

3. 人们怎么描述19世纪的伦敦？伦敦的"雾"是怎么形成的？
为什么说它给当时的伦敦居民带来的伤害是巨大的？

4. 在2014年APEC会议期间，北京政府已经采取了哪些措施改善
北京的空气质量？这些措施有效吗？

5. 伦敦在治理空气污染方面有什么好的经验？

6. 在作者看来，空气污染只是伦敦和北京这两个城市的问题吗？
他认为空气污染的问题值得重视吗？为什么？

1	霾	mái	명 스모그, 연무
2	各自	gèzì	대 각자
3	崛起	juéqǐ	동 굴기하다, 부상하다
4	袭击	xíjī	동 습격하다, 급습하다
5	注目	zhùmù	동 주목하다, 주시하다
6	笼罩	lǒngzhào	동 덮어씌우다, 뒤덮다, 자욱하다
7	蒙蒙	méngméng	중첩 (운무·연기·먼지 등이) 자욱하다
8	天空	tiānkōng	명 하늘, 공중
9	混浊	hùnzhuó	형 혼탁한, 흐린
10	悬浮	xuánfú	동 (공중에) 부유하다, 떠다니다
11	毒	dú	명 독
12	微粒	wēilì	명 미립자
13	口罩	kǒuzhào	명 마스크
14	市民	shìmín	명 시민, 주민
15	能见度	néngjiàndù	명 가시도
16	压抑	yāyì	동 억압하다, 억누르다, 참다
17	景象	jǐngxiàng	명 (보여지는) 광경, 모습, 상황
18	源	yuán	명 어근 원천, 근원, 기원, 출처
19	周边	zhōubiān	명 주위, 주변, 둘레
20	众多	zhòngduō	형 매우 많은
21	密集	mìjí	형 조밀한, 빽빽한, 밀집한
22	煤炭	méitàn	명 석탄
23	丘陵	qiūlíng	명 구릉
24	环绕	huánrào	동 둘러싸다, 에워싸다
25	地形	dìxíng	명 지형
26	指数	zhǐshù	명 지수
27	人体	réntǐ	명 인체
28	疾病	jíbìng	명 질병, 질환
29	逝	shì	어근 죽다, 서거하다
30	人群	rénqún	명 군중, 무리, 인파
31	死亡	sǐwáng	동 죽다, 사망하다
32	户外	hùwài	명 야외, 실외

33	窒息	zhìxī	동 질식하다, 질식시키다
34	烟雾	yānwù	명 연무, 스모그
35	阴霾	yīnmái	명 연무
36	昏暗	hūn'àn	형 어두운, 흐릿한, 희미한
37	词语	cíyǔ	명 단어와 표현, 단어와 어구
38	名著	míngzhù	명 명저, 명작
39	荒凉	huāngliáng	형 황량한, 척박한
40	山庄	shānzhuāng	명 산장, 집
41	细致	xìzhì	형 섬세한, 세밀한, 꼼꼼한
42	描述	miáoshù	동 묘사하다
43	沁	qìn	동 (액제·향기가) 스며들나, 배나, 침부하다
44	深处	shēnchù	명 깊은 곳, 심층
45	铺天盖地	pūtiān gàidì	관용 온 천지를 뒤덮다, 기세가 등등하다
46	氛围	fēnwéi	명 분위기, 상황
47	中期	zhōngqī	명 중기, 중반
48	车辆	chēliàng	명 차량, 자동차
49	排放	páifàng	동 (배기가스 등을) 배출하다
50	物	wù	어근 물건, 물질
51	竟	jìng	부 뜻밖에, 의외로
52	持续	chíxù	동 지속하다, 계속 유지하다
53	悲剧	bēijù	명 비극
54	重演	chóngyǎn	동 재연하다, 되풀이하다
55	灾难	zāinàn	명 재난, 참사, 재앙
56	一系列	yíxìliè	수식 일련의, 연속되는
57	限产	xiànchǎn	동 생산을 제한하다
58	停产	tíngchǎn	동 가동을 중단하다, 생산을 중지하다
59	限行	xiànxíng	동 (차량 번호판의 뒷자리 숫자에 따라) 차량의 운행을 제한하다
60	大大	dàdà	중첩 크게, 엄청나게
61	重现	chóngxiàn	동 다시 나타나다, 재현하다
62	蓝天	lántiān	명 푸른 하늘, 창공
63	称之为	chēngzhīwéi	~라고 부르다
64	常规	chángguī	형 관습적인, 통상적인, 일상적인　명 관습, 관례

65	治理	zhìlǐ	동 정비하다, 관리하다, 손길하다
66	借鉴	jièjiàn	동 거울로 삼다, 본보기로 삼다
67	出台	chū//tái	동 (정책·조치 등을) 내놓다, 정식으로 공포하다, 시행하다
68	法案	fǎ'àn	명 법안
69	废气	fèiqì	명 폐기, 배기
70	烟尘	yānchén	명 연기와 먼지
71	颗粒	kēlì	명 과립, 입자
72	缩减	suōjiǎn	동 감축하다, 줄이다
73	机动车	jīdòngchē	명 자동차, 동력 엔진 차량
74	清洁	qīngjié	형 청결한, 청정한
75	大力	dàlì	부 강력하게, 힘껏, 전력으로
76	碳	tàn	명 탄소
77	驻	zhù	동 주재하다, 주둔하다, 머무르다
78	难题	nántí	명 곤란한 문제, 난제

고유명사

1	伦敦	Lúndūn	지명 런던
2	世界卫生组织	Shìjiè Wèishēng Zǔzhī	세계보건기구(WHO)
3	查尔斯·狄更斯	Chá'ěrsī·Dígēngsī	인명 찰스 디킨스(Charles Dickens)

词语注释 표현 해설

❶ 형태소

1 −源 : 근원, 출처, 원천

예 污染源 오염원 | 感染源 감염원 | 货源 상품 공급원 | 财源 재원 | 资源 천연자원 | 水源 수원 | 能源 에너지원 | 来源 근원, 출처 | 根源 근원

2 −物 : 물건, 물질, 사물

예 排放物 배출물 | 颗粒物 입자물질 | 污染物 오염물 | 废物 폐품, 폐기물 | 宝物 보물 | 财物 재물, 재화 | 读物 읽을거리 | 动物 동물 | 怪物 괴물

3 −性 : 성질, 속성, 범위, 방법

예 危害性 위해성 | 世界性 세계성 | 普遍性 보편성 | 艺术性 예술성 | 戏剧性 희극성 | 创造性 창조성 | 排他性 배타성 | 思想性 사상성 | 局限性 한계성 | 时间性 시간성 | 连续性 연속성 | 积极性 적극성 | 决定性 결정성 | 主动性 주동성, 능동성 | 可塑性 가소성, 적응성 | 记性 기억력 | 弹性 탄력성, 신축성 | 忘性 건망증

4 −产 : 생산, 생산하다

예 停产 생산 중단 | 生产 생산, 생산하다 | 限产 감산하다, 생산 제한 | 减产 감산하다 | 多产 다산, 많이 생산하다 | 增产 증산하다 | 超产 초과생산하다 | 投产 생산에 들어가다 | 破产 파산하다 | 脱产 생산현장을 떠나다 | 欠产 생산량 미달

5 超− : 초−, 범주나 수준을 초과하다

예 超常规 이례적인 | 超现实 초현실 | 超自然 초자연 | 超级 수퍼 | 超强 초강력 | 超薄 초박의 | 超长 규정 길이를 벗어나다 | 超饱和 초포화 | 超大型 초대형 | 超低空 초저공 | 超高速 초고속 | 超音速 초음속 | 超高温 초고온 | 超声波 초음파 | 超小型 초소형

2 성어와 숙어

1 令人注目 다른 사람들의 관심 혹은 주목을 받거나 끌다

'令'은 '~로 하여금 ~하도록 하다'의 뜻이고, '注目'은 '시선이 한 곳으로 집중되다'의 뜻이다.

❶ 21世纪的北京就像是19世纪的伦敦，成为世界上令人注目的"雾都"。
21세기의 베이징은 마치 19세기의 런던처럼 세계적으로 주목 받는 '스모그 도시'가 되었다.

❷ 英国银行的衰落，或许是发达国家中最令人注目的变化。
영국은행의 쇠락은 어쩌면 선진국 가운데 가장 주목을 끄는 변화일지 모른다.

❸ 马航事件中中国应对突发事件的能力令人注目。
말레이시아항공 사건에서 돌발적인 사건에 대응하는 중국의 능력이 주목을 받았다.

❹ 在一个由中年男性主导的专业领域，这个年轻女孩子格外令人注目。
중년 남성이 주도하는 전문 분야에서 이 젊은 여성은 유난히 눈길을 끈다.

2 令人压抑 사람의 마음을 답답하게 만들다

❶ 这样一种令人压抑的景象为什么出现在北京呢？
이런 답답한 광경이 왜 베이징에 나타난 것일까?

❷ 这是一部令人压抑到窒息的电影。
이것은 질식할 정도로 사람을 억누르는 영화이다.

❸ 这个星期，看看窗外的天，感受吹拂的风，似乎一切都正常。可是听到的看到的，却全是一些令人压抑的事情。
이번 주는 창밖의 하늘을 보거나 스치는 바람을 느끼면서 마치 모든 것이 정상인 것 같았지만 들은 것과 본 것은 모두 답답한 일들이다.

❹ 我特别不喜欢城市里那些令人压抑的高楼大厦，更不喜欢那喧闹的街市。
나는 도시의 그 억압적인 고층 빌딩을 유난히 싫어하고, 그 시끄러운 거리는 더욱 싫어한다.

3 令人窒息 사람이 숨을 쉴 수 없게 하다, 숨 막히게 하다

❶ 这组照片展示了冰岛令人窒息的美丽风光。
이 사진 세트는 아이슬란드의 숨 막힐 듯한 아름다운 풍광을 보여준다.

❷ 工厂外环境污染非常严重，臭味令人窒息。
공장 밖의 환경 오염이 매우 심각해서 악취로 숨이 막힌다.

❸ 我们的篮球队就输在对手那种令人窒息的防守上。
우리 농구팀은 상대의 그 숨 막히는 수비에 패배했다.

❹ 六年的感情付诸东流，心情压抑难过得令人窒息。
6년간의 감정이 허사가 되어 마음이 숨 막힐 듯 답답하고 괴롭다.

*付诸东流 fùzhūdōngliú 수포로 돌아가다

4 铺天盖地 온 천지를 뒤덮다, 상황이 맹렬하다, 기세가 등등하다

❶ 那是一种沁入人心深处的黑暗，是一种铺天盖地的氛围。
그것은 가슴속 깊이 스며드는 어둠이며, 온 세상을 뒤덮을 듯한 분위기다.

❷ 美国大选会带来一场铺天盖地的广告潮，特别是在电视上。
미국 대선은 특히 TV에서 엄청난 광고 붐을 가져올 것이다.

❸ 下午先下雨，然后是冰雹铺天盖地地砸下来。
오후에 먼저 비가 내리고, 그 후에 우박이 온 천지에 떨어졌다.

❹ 电子商务、电子银行、电子邮件、电子税务、电子娱乐等铺天盖地，几乎整个世界都被"e"化了。
전자상거래, 전자뱅킹, 이메일, 전자세무, 전자오락 등이 판을 치면서 온 세상이 다 전자화된 것 같다.

3 어구와 문형

1 与……有关 관용구문 ~와 관련이 있다

사람 혹은 사물과 어떠한 관련이 있음을 나타낸다. 부정 형식은 '与……无关(~과 관련이 없다)'이다. '有关'은 일반적으로 문장의 끝에서 술어로 쓰이며, 목적어를 수반하지 않는다.

❶ 根据世界卫生组织出版的《2010年全球疾病负担报告》，在中国2010年早逝人群中，120万人的死亡与户外空气污染有关。
세계보건기구가 발간한 〈2010년 세계 질병 부담 연구〉에 따르면, 중국에서 2010년 조기 사망한 사람들 가운데 120만 명의 죽음이 실외 공기 오염과 관련이 있다고 한다.

❷ 一个人的所作所为都与他所受的教育有关。
한 사람의 모든 행동거지는 그가 받은 교육과 관련이 있다.

❸ 下周我们将讨论与考试有关的全部细节。
다음 주 우리는 시험과 관련된 모든 세부 사항을 논의할 것이다.

❹ 暴力案件的上升与失业的增加有关。
폭력 사건의 증가는 실업의 증가와 관련이 있다.

2 使 동사 (~에게) ~하도록 하다

'让'이나 '叫'의 문어 표현으로 사역의 의미를 나타내며, 명령문이 아닐 경우 '使'로 대체할 수 있다. '使'는 반드시 겸어(兼语)문으로 써야 하며, 겸어 없이 단독으로 쓸 수 없다.

❶ 到了20世纪中期，工业和车辆的有毒排放物使污染问题更加严重。
20세기 중반이 되자 공업과 차량의 유독성 배출물로 오염 문제가 더욱 심각해졌다.

❷ 他的一些举动经常使我们感到奇怪和不快。
그의 몇몇 행동은 자주 우리를 이상하고 불쾌하게 느끼도록 한다.

❸ 这件事使我们对他失去了信任。
이 일로 우리는 그에 대한 신뢰를 잃었다.

❹ 奥运会的胜利使全国人民大受鼓舞。
올림픽의 승리는 온 국민을 크게 고무시켰다.

3 **大大** 부사 크게, 엄청나게, 대단히

정도가 심하거나 수량이 매우 많음을 나타낸다. 2음절 동사와 동사구를 수식하며, 뒤에 '地'를 수반할 수 있다.

❶ 这些措施大大改善了空气质量，北京又重现了蓝天，人们戏称之为 "APEC蓝"。

이런 조치들로 공기의 질이 크게 개선되어 베이징은 푸른 하늘을 재현했다. 사람들은 그것을 'APEC 블루'라고 희화했다.

❷ 他的所做所为大大超出了我们的想象。

그의 모든 행동거지는 우리의 상상을 크게 뛰어넘는다.

❸ 今天考试的成功大大地提高了他的自信心。

오늘 시험의 성공은 그의 자신감을 크게 제고시켰다.

❹ 在电子商务时代，人们的购物习惯已经大大改变了。

전자상거래 시대에 사람들의 쇼핑 습관은 이미 크게 변화되었다.

4 **称……为……** ~을 ~라고 칭하다, 부르다

'称'은 '부르다', '일컫다', '칭하다'라는 뜻의 동사이다. '称……为……'는 '~을 ~라고 칭하다/부르다'라는 뜻으로 문어에 쓰인다.

❶ 这些措施大大改善了空气质量，北京又重现了蓝天，人们戏称之为"APEC蓝"。

이런 조치들로 공기의 질이 크게 개선되어 베이징은 푸른 하늘을 재현했다. 사람들은 그것을 'APEC 블루'라고 희화했다.

❷ 作者在书前写的话称之为"前言"或者"序言"。

저자가 책의 앞쪽에 쓴 말을 '서언' 혹은 '서문'이라고 칭한다.

❸ 3D电影，我们也称它为立体电影，越来越受人们的喜爱。

3D영화, 우리는 그것을 입체영화라고도 부르며, 갈수록 사람들에게 인기가 있다.

❹ 琳达和大卫结婚后买了一个小公寓，布置得漂漂亮亮的，他们称之为"爱巢"。

린다와 데이빗은 결혼한 후 작은 아파트를 사서 예쁘게 꾸몄고, 그들은 그것을 '사랑의 둥지'라고 불렀다.

5 之 　대명사　그것, 그 사람, 그녀

문어에 쓰이며, 목적어 위치에서 '그 사람', '그것'의 의미로 사람 혹은 사물을 대신한다.

❶ 这些措施大大改善了空气质量，北京又重现了蓝天，人们戏称之为
  "APEC蓝"。
  이런 조치들로 공기의 질이 크게 개선되어 베이징은 푸른 하늘을 재현했다. 사람들은 그것을 'APEC 블루'라고
  희화했다.

❷ 事情就这样过去了，但是随之而来的安静令人窒息。
  사건은 그렇게 지나갔지만, 그 후에 이어지는 고요함에 숨이 막힐 지경이었다.

❸ 消息传来，大家都为之高兴，为之欢呼。
  소식이 전해지자 모두 이로 인해 기뻐했고 이로 인해 환호했다.

❹ 这种事发生很多次了，我们不能再听之任之了。
  이런 일이 여러 번 발생해서 우리는 더 이상 이것을 내버려 둘 수 없다.

*听之任之 tīngzhī rènzhī 방임하다, 그대로 내버려 두다

6 虽然……却…… 　비록 ~지만, 그러나~

전환 관계를 나타내는 복문으로, '虽然'은 양보를 나타내는 접속사이고, '却'는 전환을 나타
내는 부사이다. 선행절에서는 어떤 일을 양보 혹은 인정하거나 확인하고, 후행절에서는 앞
내용에 제한을 받지 않는 다른 일을 이야기한다.

❶ "APEC蓝"是超常规治理的结果，虽然难以长期持续，却使人们看到了希
  望。
  'APEC 블루'는 이례적인 관리의 결과로, 비록 장기간 지속되기는 어렵지만 사람들은 희망을 보았다.

❷ 她虽然工作很忙，却很关心我的学习。
  그녀는 비록 일이 매우 바쁘지만 나의 공부에 매우 신경을 써주었다.

❸ 这个菜虽然不好看，却很好吃。
  이 음식은 보기에는 별로지만 맛있습니다.

❹ 她虽然貌不惊人，却十分引人注目。
  그녀는 비록 용모가 뛰어나지는 않지만 상당히 사람들의 이목을 끈다.

*貌不惊人 màobùjīngrén 용모나 풍채가 사람의 주의를 끌지 못하다

7 难以 부사 ~하기 어려운, 곤란한

'~하기 어렵다'라는 의미로 그 뒤에 동사가 오며, 주로 문어에 쓰인다.

❶ "APEC蓝"是超常规治理的结果，虽然难以长期持续，却使人们看到了希望。

'APEC 블루'는 이례적인 관리의 결과로, 비록 장기간 지속되기는 어렵지만 사람들은 희망을 보았다.

❷ 不努力学好汉字是难以学好中文的。

한자를 제대로 배우려고 노력하지 않으면 중국어를 마스터하기 어렵다.

❸ 他的有些观点非常偏激，实在令人难以接受。

그의 몇몇 관점은 매우 극단적이어서 확실히 받아들이기 어렵다.

❹ 这个电影有一种难以抗拒的吸引力，我不知看了多少遍。

이 영화에는 거부하기 어려운 매력이 있어서 나는 몇 번을 보았는지 모르겠다.

*偏激 piānjī 과격하다, 극단적이다

8 此外 접속사 이밖에, 그 외에

'此'는 앞서 언급한 사물 혹은 상황을 지시한다. '此外' 뒤에는 긍정 형식이나 부정 형식이 모두 올 수 있다. 뒤에 부정 형식이 오게 되면 언급한 것 외에 다른 것이 없음을 나타낸다. 주로 절과 문장을 연결하는 기능을 하며, 문어에 쓰인다.

❶ 从1956年开始，伦敦限制工业废气排放，减少烟尘和有毒颗粒物；发展公共交通，缩减机动车数量。此外，伦敦还采用清洁能源，并大力发展低碳经济。

1956년부터 런던은 산업 폐가스 배출을 제한하여 스모그와 유독성 미세먼지를 줄이는 한편, 대중교통을 발전시키고, 자동차 수를 감축하였다. 그밖에 런던은 청정에너지를 채택했으며, 저탄소 경제를 힘써 발전시켰다.

❷ 要让自己变得更好，此外别无他法。

자신을 더 좋게 변화시키려면 이 외의 다른 방법은 없다.

❸ 该节目这次邀请了很多明星加入。此外，还从国外租用了最先进的音像设备。

이 프로그램은 이번에 많은 스타들이 참여하도록 초대했다. 그밖에 해외로부터 최첨단 영상 장비를 대여하기도 했다.

❹ 业余时间他只喜欢摄影和爬山，此外没有什么兴趣爱好。

여가 시간에 그는 사진 촬영과 등산만 즐긴다. 그 외에는 아무런 취미가 없다.

9 则 [부사] 오히려, 도리어

문어 표현으로 인과 혹은 도리상의 순접 관계를 나타낸다. 때로는 전환의 어기를 나타내기도 하는데, 이 경우에는 '却'와 같은 의미이다.

❶ 到了1975年，伦敦的雾霾日已由每年几十天减少到了15天，1980年则进一步降到5天。

1975년 런던의 스모그 일수는 해마다 수십 일에서 15일로 줄었고, 1980년에는 5일로 줄었다.

❷ 这种鸟夏天迁到这里，冬天则飞到温暖的南方过冬。

이 종류의 새는 여름에는 이곳으로 옮겨오고, 겨울에는 따뜻한 남쪽으로 날아가 겨울을 난다.

❸ 他平时对任何事都满不在乎的样子，对这件事则非常关心。

그는 평소에는 어떤 일에도 전혀 개의치 않는 모습인데, 이 일에 대해서는 매우 관심이 많다.

❹ 房价的上涨对于有钱的大款来说不算什么，但对于买不起房，靠租房的底层打工者来说，则是一场灾难。

집값 상승은 돈 많은 부자들에게는 별것 아니지만, 집을 살 형편이 안 되고 셋방살이 하는 저소득층의 노동자에게는 재앙이다.

*满不在乎 mǎnbúzàihu 전혀 개의치 않다

🎧 7-3

太平洋里的"塑料岛"

2008年初，一份美国的调查报告指出，北太平洋出现了一个343万平方公里的"塑料岛"。它由塑料垃圾组成，面积相当于6个法国。到2030年，它的面积还要增加9倍。更可怕的是，塑料垃圾会进入动物体内，然后扩大到整个生物圈。有人甚至说："我们吃的鱼，也许就是那些塑料垃圾的另一种形式。"据统计，2007年全世界用掉12000亿个塑料袋，一个塑料袋从生产出来到被扔掉，平均只有12－20分钟。

世界卫生组织的一份报告指出，空气、水等环境污染导致全球每年有300万5岁以下儿童死亡。当今世界由于工业化、气候变化、化学产品应用等，使儿童的健康受到了威胁。儿童缺乏自我保护的能力，成了环境污染最大的受害者。

科技的发展提高了人类的生活水平，但也给我们的地球造成了严重的破坏。环境污染已成为一个全球性问题，如果这一问题得不到解决，人类将面临毁灭的危险。在过去很长时间里，人们从没感觉到环境保护的重要性。随着现代工业的发展，环境问题越来越突出，例如温室效应、臭氧层破坏、垃圾问题、水污染以及生态危机等等。

有人说：要想发展经济，一定会污染环境；要想保护环境，就得牺牲经济发展速度。现代化必须经过传统工业化这一阶段，可以先污染后治理。只要有了钱，什么都好办。英美等发达国家随着人均GDP的增长，环境污染也在减轻。

有人则认为，西方国家"先污染后治理"，这不是什么经验，而是教训。环境保护和发展经济是鸡和蛋的关系，如果以污染环境为代价来发展经济，等于杀鸡取卵。经济发展的目的是提高人们的生活水平，使人类的生存环境更加美好。如果环境破坏了，即使经济发展上去，也是没有意义的。

经济发展和环境保护应该谁先谁后？这是世界上每一个国家都不能回避的问题。很多发达国家以前付出了以环境污染换取经济发展的代价，所以现在很重视保护环境，因为他们认识到"我们只有一个地球"。

德国政府对企业进行检查，制定各项法律控制温室气体排放。在2002－2003年期间，德国一共调查了3909家企业，有效地减少了空气污染。日本对污染严重的企业进行处罚，同时鼓励人们购买绿色产品，没有环保标志的产品在市场上已经不受欢迎了。日本的工业污染从上个世纪60年代到70年代逐渐减轻，到上世纪80年代就已经基本得到控制。

美国政府用了大量资金进行环境治理，并实行了排污权交易，而且数量是有严格控制的，这一措施非常有效。

新加坡则重点治理垃圾，经过8年的努力，440万人口的全部垃圾每天被焚烧后运到一个小岛。令人惊讶的是，这座小岛上生长着漂亮的植物和动物，吸引了很多游客来旅游。

📑 본문의 내용에 근거하여 다음 문제에 대해 이야기해 보세요.

1. 北太平洋的"塑料岛"是怎么形成的？这个"塑料岛"对生物圈的危害是什么？

2. 环境污染给儿童带来了什么样的威胁？儿童为什么最容易成为污染的受害者？

3. 常见的环境污染都有哪些？这些污染是怎么造成的？其严重性是什么？

4. 大家对经济发展和环境治理的关系是怎么看的？有哪几种观点？目前的主流观点是什么？

5. 近年来哪些国家在环境保护和治理上做出了成功的努力？请举例说明。

6. 在你看来，作为一个普通公民，我们应该在保护环境和环境治理上做些什么？

1	平方公里	píngfāng gōnglǐ	양 ㎢, 제곱킬로미터, 평방킬로미터
2	组成	zǔchéng	동 구성하다, 조직하다, 결성하다
3	相当于	xiāngdāngyú	~에 맞먹다, ~에 상당하다, ~에 해당하다
4	体内	tǐnèi	수식 체내(의)
5	生物圈	shēngwùquān	명 생물권
6	威胁	wēixié	동 위협하다
7	受害	shòu//hài	동 부상 혹은 피해를 입다, 손해를 보다
9	毁灭	huǐmiè	동 섬멸하다, 박멸하다
10	温室	wēnshì	명 온실
11	效应	xiàoyìng	명 반응, 효과
12	臭氧层	chòuyǎngcéng	명 오존층
13	生态	shēngtài	명 생태
14	等等	děngděng	중첩 등등
15	人均	rénjūn	명 1인당 평균
16	代价	dàijià	명 대가, 대금
17	杀鸡取卵	shājī qǔluǎn	관용 닭을 잡아 달걀을 얻다, 눈앞의 작은 이득에 어두워 큰 이득을 놓치다
18	生存	shēngcún	동 생존하다, 살아남다
19	回避	huíbì	동 회피하다, 피하다
20	付出	fùchū	동 (대가·경비 등을) 지불하다, 치르다
21	换取	huànqǔ	동 (~을) 바꾸다, 교환하다
22	气体	qìtǐ	명 기체
23	处罚	chǔfá	동 처벌하다, 벌을 주다
24	购买	gòumǎi	동 구매하다, 사다
25	环保	huánbǎo	명 환경보호
26	污	wū	어근 더러운, 불결한
27	交易	jiāoyì	동 교역하다, 거래하다 명 교역, 거래
28	焚烧	fénshāo	동 소각하다, 불태우다
29	惊讶	jīngyà	형 놀랍고 의아스러운
30	游客	yóukè	명 여행객, 관광객

고유명사

1	太平洋	Tàipíng Yáng	지명 태평양
2	新加坡	Xīnjiāpō	국명 싱가포르

SCHOOL SHOOTING

8

美国校园为何枪击案频发

미국 캠퍼스, 왜 총기 난사 사건이 빈발하나

美国校园为何枪击案频发

2007年4月16日，美国弗吉尼亚理工大学发生恶性校园枪击案，造成33人死亡。2012年12月14日上午，美国康涅狄格州纽镇桑迪胡克小学发生枪击案，造成26人丧生，其中包括20名6－7岁的一年级学生，6名教师死亡。2014年1月21日，美国中西部印第安纳州普渡大学校园发生枪击事件，造成一名男学生死亡。这一连串的枪击案让人们感到震惊，同时也暴露出美国在枪支管理方面的问题。据美国司法部估计，美国人现在拥有2.35亿支枪，几乎达到人手一枪；每年美国发生枪击事件多达100多万起。美国是一个枪支泛滥的国家，美国宪法赋予公民随身携带枪支的权利和自由，加上暴力文化盛行，导致暴力犯罪和枪击案数量连年持续不下。

　　枪支泛滥是造成美国校园枪击案频发的"导火索"。首先，美国枪支管理的松懈为人们可以轻易获得枪支提供了条件。在美国，注册的武器销售点多达10万个，比麦当劳在全世界的分店还多。年满18岁的年轻人只要无犯罪记录，就可以买枪。其次，由于美国国会对于是否制定严格的枪支管理法案争论不休，枪支泛滥的问题始终得不到解决。美国全国步枪协会一直反对加强枪支管理，为此他们对国会议员大力游说，阻挠立法。在2004年的总统选举中，全国步枪协会向共和党捐助了140万美元，帮助布什连任。他们这样做是希望执政的共和党能继续支持他们的立场。由此看来，在美国实行严格的枪支管理政策，前景不太乐观。

暴力文化是造成枪击案层出不穷的另一个原因。美国传媒有美化暴力的倾向。在宣扬暴力的影片中，那些所谓伸张正义的杀手，被当作英雄加以歌颂。他们往往不受任何法律的制约，把暴力作为解决问题最有效的方式。这对于是非分辨力还不太强的孩子来说，会有很强的蛊惑作用。据美国《国际先驱论坛报》报道，一个美国青少年18岁之前在各种传媒上能看到4万起谋杀案和20万起其他暴力行为。传媒中反映出来的暴力文化使孩子们错误地认为，使用暴力可以解决复杂的问题，发泄愤怒的方法就是开枪杀人。影视片中的枪杀情节比比皆是，孩子们耳濡目染，就相信枪能"解决"一切。

除了枪支泛滥和暴力文化的流行，在学校和家庭中缺乏道德教育也是校园枪击案频发的原因之一。科罗拉多州校园枪击案的幸存者斯科特就认为，过去美国的学校还注重道德教育，但如今学校基本上就只有一个目标，那就是学习成绩，完全轻视了道德的培养。这就容易使孩子们缺乏是非观念，走上杀人行凶的犯罪道路。

总之，近年频频发生的校园枪击案，是与枪支泛滥和暴力文化密不可分的。如果不控制枪支、净化媒体和加强学生的道德教育，校园枪击惨剧还将在美国不断上演。奥巴马强调说，不要忘记"真正的改变并不是来自华盛顿"，而是来自美国民众，因此呼吁美国民众携手共同推动控枪立法。

📰 본문의 내용에 근거하여 다음 문제에 대해 이야기해 보세요.

1. 近年来，在美国校园出现的什么现象让人们感到震惊？

2. 在作者看来，造成美国枪支泛滥的原因有哪些？
   美国全国步枪协会在枪支管理这个问题上的立场是什么？

3. 为什么说美国传媒有美化暴力的倾向？暴力文化跟频频发生的枪击案有什么样的关系？

4. 作者认为学校和家庭对青少年的暴力行为和校园枪击案的频发负有责任吗？你是怎么看的？

5. 在作者看来，应该怎么做才能减少和控制校园枪击案的发生？美国总统奥巴马对这个问题怎么看？

生词 단어

8-2

1	击	jī	이근 치다, 공격하다
2	频	pín	부 어근 자주, 누차, 빈번히
3	恶性	èxìng	형 수식 악성의, 악질의
4	丧生	sàng//shēng	동 사망하다, 목숨을 잃다
5	中西部	zhōngxībù	명 중서부
6	一连串	yì lián chuàn	수식 (사건·화제 등이) 계속되는, 일련의
7	震惊	zhènjīng	동 깜짝 놀라다, 경악하다 형 깜짝 놀라게 하는, 쇼크 먹은
8	暴露	bàolù	동 폭로하다, 드러내다
9	枪支	qiāngzhī	명 총기, 총기류
10	拥有	yōngyǒu	동 가지다, 소유하다, 보유하다
11	宪法	xiànfǎ	명 헌법
12	公民	gōngmín	명 (한 국가의 공민권을 가진) 국민, 공민
13	随身	suíshēn	형 수식 몸에 지니는, 휴대의
14	携带	xiédài	동 휴대하다, 지니고 다니다
15	暴力	bàolì	명 폭력, 무력
16	盛行	shèngxíng	동 성행하다, 유행하다, 풍미하다
17	犯罪	fàn//zuì	동 죄를 범하다
18	连年	liánnián	부 여러 해 동안
19	导火索	dǎohuǒsuǒ	명 도화선
20	松懈	sōngxiè	형 산만한, 해이한, 긴장이 풀린
21	轻易	qīngyì	부 마음대로, 함부로
22	注册	zhùcè	동 등기하다, 등록하다
23	分店	fēndiàn	명 (상점 등의) 분점
24	国会	guóhuì	명 국회
25	不休	bùxiū	동 멈추지 않다, 끊임없다
26	议员	yìyuán	명 의원
27	游说	yóushuì	동 유세하다, 자신의 주장을 펴다
28	阻挠	zǔnáo	동 가로막다, 저지하다, 방해하다
29	立法	lì//fǎ	동 법률을 제정하다
30	捐助	juānzhù	동 기부하다　명 기부
31	连任	liánrèn	동 연임하다

32	执政	zhí//zhèng	동 집권하다, 정권을 잡다
33	前景	qiánjǐng	명 장래, 앞날, 전도
34	层出不穷	céngchū bùqióng	관용 차례로 끝없이 나타나다, 꼬리를 물고 나타나다
35	传媒	chuánméi	명 매스미디어
36	美化	měihuà	동 미화하다
37	宣扬	xuānyáng	동 선양하다, 널리 선전하다, 전파하다
38	影片	yǐngpiàn	명 영화
39	伸张正义	shēnzhāng zhèngyì	관용 정의를 펼치다, 정의를 지키다
40	杀手	shāshǒu	명 자객, 킬러
41	歌颂	gēsòng	동 칭송하다, 찬양하다, 찬미하다
42	制约	zhìyuē	동 제약하다
43	是非	shìfēi	명 시비, 옳고 그름
44	分辨	fēnbiàn	동 분별하다, 구분하다
45	蛊惑	gǔhuò	동 고혹하다, 홀리다
46	谋杀	móushā	동 모살하다, 죽이다
47	发泄	fāxiè	동 (불만 정서 따위를) 해소하다, 발산하다, 분출하다
48	影视	yǐngshì	명 영화와 텔레비전
49	枪杀	qiāngshā	동 총살하다, 쏴 죽이다
50	情节	qíngjié	명 줄거리, 시나리오
51	比比皆是	bǐbǐ jiēshì	관용 어디에나 있다, 도처에 있다, 아주 흔하다
52	耳濡目染	ěrrú mùrǎn	관용 항상 보고 들어서 익숙해지고 습관이 되다
53	州	zhōu	명 주 [행정 구역]
54	幸存	xìngcún	동 생존하다, 요행히 살아남다
55	轻视	qīngshì	동 경시하다, 얕보다
56	行凶	xíng//xiōng	동 폭력을 행사하다, 폭행하다, 사람을 해치다
57	总之	zǒngzhī	접 요컨대, 어쨌든, 아무튼
58	频频	pínpín	부 중첩 빈번히, 자주
59	密不可分	mìbùkěfēn	관용 불가분한, 긴밀하여 나눌 수 없는
60	净化	jìnghuà	동 정화하다, 맑게 하다
61	惨剧	cǎnjù	명 비극, 참사, 참극
62	上演	shàngyǎn	동 상연하다, 공연하다
63	民众	mínzhòng	명 민중, 대중

64	呼吁	hūyù	동 호소하다
65	携手	xié//shǒu	동 손을 맞잡다, 서로 협력하다

고유명사

1	弗吉尼亚理工大学	Fújíníyà Lǐgōng Dàxué	버지니아이공(Virginia Tech)대학
2	康涅狄格州	Kāngnièdígé Zhōu	지명 코네티컷(Connecticut)주
3	纽镇	Niǔzhèn	지명 뉴타운(Newtown)
4	桑迪胡克	Sāngdíhúkè	샌디훅(Sandy Hook)
5	印第安纳州	Yìndì'ānnà Zhōu	지명 인디애나(Indiana)주
6	普渡大学	Pǔdù Dàxué	퍼듀(Purdue)대학
7	司法部	Sīfǎ Bù	사법부
8	麦当劳	Màidāngláo	맥도날드
9	全国步枪协会	Quánguó Bùqiāng Xiéhuì	전미총기협회
10	共和党	Gònghédǎng	공화당
11	布什	Bùshí	인명 부시(George Walker Bush)
12	国际先驱论坛报	Guójì Xiānqū Lùntán Bào	인터내셔널 헤럴드 트리뷴(International Herald Tribune)
13	科罗拉多州	Kēluólāduō Zhōu	지명 콜로라도(Colorado)주
14	斯科特	Sīkētè	인명 스콧(Scott)
15	华盛顿	Huáshèngdùn	지명 워싱턴(Washington, D.C.)

❶ 형태소

❶ -案/案- : 사건, 사안

예 谋杀案 살인 사건 | 枪杀案 총격 살인 사건 | 杀人案 살인 사건 | 投毒案 독극물 사건 | 纵火案 방화 사건 | 重案 중대 사건, 중요 사안 | 个案 개별 사건 | 本案 본 사건 | 奇案 기괴한 사건 | 案例 사례, 케이스 | 案情 사건의 경위

❷ -满 : (정한 기한이) 다 차다, 일정한 한도에 이르다

예 年满 나이가 다 차다 | 期满 기한이 다 되다 | 刑满 형기를 마치다 | 服满 탈상하다 | 任满 임기가 다 차다 | 人满 사람이 꽉 차다

❸ -力/力- : 힘, 능력

1. 힘
예 暴力 폭력 | 无力 힘이 없다 | 武力 무력 | 体力 체력 | 力气 힘, 기력

2. 능력
예 分辨力 분별력 | 分析力 분석력 | 智力 지력, 지능 | 听力 청력, 듣기 능력 | 脑力 이해력, 지력 | 生殖力 생식 능력 | 消化力 소화 능력

❹ -者 : ~하는 사람 [특정 사람을 나타내는 접미사]

예 幸存者 생존자 | 记者 기자 | 学者 학자 | 长者 윗사람, 연장자 | 智者 지혜로운 사람 | 老者 노인, 어르신 | 勇者 용감한 사람 | 弱者 약자 | 强者 강자 | 发起者 발기인 | 肇事者 사고 친 사람 | 逃避者 도피자

5 –视 : 보다, 여기다

1. 보다 [구체적인 용법]
   > 예 **近视** 근시 │ **远视** 원시 │ **仰视** 우러러보다 │ **俯视** 내려다보다, 굽어보다 │ **斜视** 곁눈질하다, 흘겨보다 │ **透视** 투시하다

2. 여기다, ~한 태도를 가지다 [추상적인 용법]
   > 예 **轻视** 가벼이 여기다, 얕보다 │ **重视** 중요시하다 │ **忽视** 소홀히 여기다 │ **小视** 경시하다 │ **短视** 근시안적인 │ **无视** 무시하다, 도외시하다 │ **正视** 식시하나 │ **歧视** 차별

2 성어와 숙어

1 人手一… 모든 사람이 다 있다, 사람마다 가지고 있다, 수량이 많다

예 **人手一枪** 사람마다 총을 한 자루씩 가지고 있다 | **人手一册** 사람마다 책을 한 권씩 가지고 있다 | **人手一机** 사람마다 기기를 한 대씩 가지고 있다 | **人手一台** 사람마다 전자기기를 한 대씩 가지고 있다 | **人手一球** 사람마다 공을 하나씩 가지고 있다 | **人手一技** 사람마다 한 가지씩 기예를 가지고 있다 | **人手一包** 사람마다 보따리를 하나씩 가지고 있다 | **人手一证** 사람마다 자격증을 하나씩 가지고 있다

❶ 美国人现在拥有2.35亿支枪，几乎达到人手一枪。
미국인들은 현재 2억 3,500만 자루의 총을 가지고 있는데, 이는 거의 모든 사람이 총 한 자루씩을 가지고 있는 정도에 이르는 것이다.

❷ 这本书对考研很有帮助，我们班的学生几乎人手一册。
이 책은 대학원 입시에 매우 도움이 되어 우리 반 학생들은 거의 모두가 다 한 권씩 가지고 있다.

❸ 这个中学给所有的老师提供笔记本电脑，做到了人手一机。
이 중학교는 모든 선생님에게 노트북 컴퓨터를 제공해서 한 사람당 컴퓨터 한 대를 실현했다.

❹ 这个中学大力开展体育运动，老师们人手一球，一下课就组织学生们打球、踢球。
이 중학교는 체육 운동을 대대적으로 전개하여 선생님들마다 공을 하나씩 가지도록 하고 수업이 끝나면 학생들을 조직하여 공을 치거나 차게 했다.

2 ……不休 멈추지 않다, 끊임없이 이어지다

예 **争论不休** 논쟁을 그치지 않다 | **争吵不休** 싸움이 그치지 않다 | **连年不休** 해마다 이어지다 | **喋喋不休** 쉴 새 없이 지껄이다 | **征战不休** 전투가 끊임없다

❶ 美国国会对于是否制定严格的枪支管理法案争论不休。
미국 국회에서는 엄격한 총기 관리 법안의 제정 여부에 대해 논쟁이 계속되고 있다.

❷ 这对夫妻感情不好，时常为一点儿小事争吵不休。
이 부부는 사이가 나빠서 늘 사소한 일로 끊임없이 다툰다.

❸ 她是个话痨，一说起来就喋喋不休。
그녀는 수다쟁이라서 말만 하면 쉴 새 없이 떠든다.

❹ 阿富汗是个连年征战不休的国家。
아프가니스탄은 여러 해 동안 전쟁이 끊이지 않는 나라이다.

*话痨 huàláo 수다쟁이

3 层出不穷 차례로 끝없이 나타나다, 꼬리를 물고 나타나다

❶ 暴力文化是造成枪击案层出不穷的另一个原因。
폭력 문화는 총기 난사 사건의 연속 발생을 야기하는 또 다른 원인이다.

❷ 电脑业发展得很快，近年来新技术层出不穷。
컴퓨터 산업은 매우 빠르게 발전하여 최근 몇 년 동안 신기술이 끊임없이 소개되었다.

❸ 这条路长年失修，几年来交通事故层出不穷。
이 길은 오랫동안 수리를 하지 않아서 몇 년간 교통사고가 끊이지 않고 있다.

❹ 在明清两朝，中国的江南一带人才辈出，层出不穷。
명청(明清) 두 왕조 동안 중국의 강남(양쯔강 하류 이남의 지역) 일대 인재 배출이 끊임없이 이어졌다.

4 比比皆是 어디에나 있다, 도처에 있다, 매우 흔하다

❶ 影视片中的枪杀情节比比皆是，孩子们耳濡目染，就相信枪能"解决"一切。
영화와 드라마 속에서 총기 살인 스토리가 흔하기 때문에 자연스럽게 영향을 받은 아이들은 총이 모든 것을 '해결'할 수 있다고 믿는다.

❷ 现在的年轻人结婚离婚都很草率，闪婚闪离的情况比比皆是。
요즘 젊은이들은 결혼과 이혼에 모두 신중하지 않아 초고속으로 결혼했다가 이혼하는 경우가 비일비재하다.

❸ 战争爆发以后，逃难者比比皆是。
전쟁이 발발한 후 피난민이 도처에 있다.

❹ 当今商业行为早已渗透到人们的生活中，商业广告比比皆是。
오늘날 상업 행위는 일찍이 사람들의 생활 속에 침투하였으며 상업 광고를 흔히 볼 수 있다.

*草率 cǎoshuài 경솔하다, 아무렇게나 하다

5 耳濡目染 귀에 자주 들리고 눈에 자주 보여 자연스럽게 영향을 받다,
항상 보고 들어서 익숙하고 습관이 되다

❶ 影视片中的枪杀情节比比皆是，孩子们耳濡目染，就相信枪能"解决"一切。

영화와 드라마 속에서 총기 살인 스토리가 흔하기 때문에 자연스럽게 영향을 받은 아이들은 총이 모든 것을 '해결'할 수 있다고 믿는다.

❷ 父母对孩子的影响常常是耳濡目染的。

부모가 아이에게 미치는 영향은 늘 자연스러운 것이다.

❸ 她从小就跟着妈妈看戏，耳濡目染几十年，自己也变成了一个戏迷。

그녀는 어릴 때부터 어머니를 따라 연극을 보면서 수십 년간 자연스레 영향을 받아 자신도 연극 애호가가 되었다.

❹ 由于家庭的耳濡目染，他热爱音乐并且琴艺过人。

가정에서의 영향으로 그는 음악을 사랑하는 데다가 거문고 솜씨가 남다르다.

6 密不可分 불가분하다, 긴밀하여 나눌 수 없다

❶ 近年频频发生的校园枪击案，是与枪支泛滥和暴力文化密不可分的。

최근 몇 년간 빈번히 발생한 캠퍼스 총기 난사 사건은 총기 범람 및 폭력 문화와는 떼려야 뗄 수 없는 것이다.

❷ 经济的发展与政治的稳定总是密不可分的。

경제의 발전과 정치의 안정은 항상 불가분한 것이다.

❸ 一个人的学习成果与其努力的程度密不可分。

한 사람의 학습 성과는 그 노력의 정도와 떼려야 뗄 수 없다.

❹ 中国近年来的经济发展跟其政策的宽容开放密不可分。

중국의 최근 몇 년간의 경제 발전은 그 정책의 완화 및 개방과 밀접하다.

3 어구와 문형

1 其中 [방위사] 그 중, 그 가운데

'그 안에'라는 뜻으로 장소나 범위를 나타내는 특수한 방위사이다. 단독으로 쓰이며 명사 뒤에는 쓸 수 없다.

❶ 2012年12月14日上午，美国康涅狄格州纽镇桑迪胡克小学发生枪击案，造成26人丧生，其中包括20名6　7岁的一年级学生、6名教师。

2012년 12월 14일 오전 미국 코네티컷주 뉴타운 샌디훅초등학교에서 총기 난사 사건이 발생하여 26명이 사망했는데, 그중에는 6~7세인 1학년 학생 20명과 교사 6명이 포함되어 있었다.

❷ 这个班上有30个学生，其中一半是留学生。

이 반에는 30명의 학생이 있는데, 그중 절반은 유학생이다.

❸ 他们结婚才半年就离婚了，其中的原因却无人得知。

그들은 결혼한 지 겨우 반 년 만에 이혼했는데, 그 원인은 아무도 모른다.

❹ 每年夏天都有很多大学生志愿到贫穷的山区去支教，其中有一半是来自大城市的学生。

해마다 여름이면 많은 대학생이 가난한 산간 지역에 자원 교사로 지원하는데, 그중 절반이 대도시에서 온 학생이다.

2 据 [전치사] ~에 근거하면, ~에 따르면

근거를 나타내며, 주로 [据＋동사(统计/估计/估算/报道/分析)]와 [据＋절]의 형식으로 쓰인다.

❶ 据美国《国际先驱论坛报》报道，一个美国青少年18岁之前在各种传媒上能看到4万起谋杀案和20万起其他暴力行为。

미국 〈인터내셔널 헤럴드 트리뷴〉의 보도에 따르면, 미국 청소년은 18세까지 각종 매스컴에서 4만 건의 살인 사건과 20만 건의 폭력 행위를 목격한다고 한다.

❷ 据统计，这个城市的亚裔人口占人口总数的四分之一。

통계에 따르면, 이 도시의 아시아계 이민 인구는 전체 인구의 1/4을 차지한다.

❸ 据分析，今年北京的房价可能会下跌。

분석에 따르면, 올해 베이징의 집값이 떨어질 것이라고 한다.

❹ 据医生说，他的病很快就会好的。

의사의 말에 따르면, 그의 병은 곧 나을 것이다.

3 加上 동사 더하다, 덧붙이다

❶ 美国宪法赋予公民随身携带枪支的权利和自由，加上暴力文化盛行，导致暴力犯罪和枪击案数量连年持续不下。

미국 헌법은 국민에게 총기를 소지할 수 있는 권리와 자유를 부여하고 있는 데다가 폭력 문화가 성행해 강력 범죄와 총기 난사 사건의 수가 여러 해 계속해서 줄지 않고 있다.

❷ 最近他工作太忙，常常缺觉，加上很少运动，体质越来越差。

요즘 그는 일이 너무 바빠서 종종 수면이 부족한 데다 운동도 거의 하지 않아 체력이 점점 나빠졌다.

❸ 她认为自己的成功是由于勤奋加上一点儿运气。

그녀는 자신의 성공이 부지런함에 약간의 운도 더해진 것이라고 생각한다.

❹ 这两天的气温达到摄氏30多度，加上潮湿，热得让人透不过气来。

요 며칠 기온이 섭씨 30도가 넘고 습하기까지 해서 더워 숨이 막힐 지경이다.

4 为 전치사 위하여, 인하여

목적이나 원인을 나타내며, '了'와 '着'를 부가할 수 있다. '为了'와 '为着'는 주어 앞에 올 수 있다.

❶ 美国枪支管理的松懈为人们可以轻易获得枪支提供了条件。

미국의 느슨한 총기 관리가 사람들이 쉽게 총기를 구할 수 있는 여건을 마련해 주었다.

❷ 医生应该为病人着想。

의사는 환자를 위해 생각해야 한다.

❸ 小明被哈佛大学录取了，父母都为他高兴。

샤오밍이 하버드대학에 합격하자 부모님은 그로 인해 기뻐했다.

❹ 为了学好中文，他到中国留学了一年。

중국어를 잘 배우기 위해 그는 중국에 1년간 유학을 갔다.

❺ 为着完成这个月的盈利指标，全公司的职员最近都在加班。

이번 달의 이윤 목표 달성을 위해서 전 회사의 직원들이 최근에 모두 시간 외 근무를 하고 있다.

5 **为此** 관용구분 이를 위해, 이것 때문에

'为'는 목적 혹은 원인을 나타내고, '此'는 앞에서 언급한 목적이나 원인을 가리킨다.

❶ 美国全国步枪协会一直反对加强枪支管理，为此他们对国会议员大力游说，阻挠立法。
미국 전미총기협회는 줄곧 총기 관리 강화를 반대해왔다. 이를 위해 그들은 국회의원들에게 대대적으로 로비를 하여 입법을 방해하였다.

❷ 姐姐找到了一份理想的工作，我们全家都为此感到高兴。
누나는 바라던 이상적인 직업을 구했고, 우리 온가족은 모두 이로 인해 기뻐했다.

❸ 他从小就梦想成为一名钢琴演奏家。为此，他付出了巨大的努力。
그는 어릴 때부터 피아니스트가 되는 것을 꿈꿨다. 이를 위해 그는 엄청난 노력을 쏟아부었다.

❹ 欧洲各国在接受叙利亚难民的问题上意见不一致。大家为此争论不休。
유럽 각국은 시리아 난민 수용 문제에 대해 의견이 일치하지 않아, 이 때문에 논쟁이 계속되고 있다.

6 **加以** 조동사 ~을 가하다, ~하다

2음절 동사 앞에 쓰여 앞에서 언급한 사물을 어떻게 다루고 처리하는지를 나타낸다.

예 加以论证 논증하다 | 加以讨论 토론하다 | 加以思考 생각하다 | 加以说明 설명하다 | 加以统计 통계를 내다 | 加以批判 비판하다 | 加以分析 분석하다

❶ 在宣扬暴力的影片中，那些所谓伸张正义的杀手，被当作英雄加以歌颂。
폭력을 미화하는 영화에서 이른바 정의를 지키는 킬러들은 영웅으로 여겨져 칭송받는다.

❷ 他收集了两年的资料，对研究的课题加以论证。
그는 2년 동안 자료를 수집하여 연구한 과제에 대해 논증했다.

❸ 你的这个结论是怎么得出来的？请你加以说明。
당신의 이 결론은 어떻게 나온 것입니까? 설명해 주시기 바랍니다.

❹ 这篇论文从几个方面对北京的雾霾问题加以分析，并且提出了一些改善的建议和措施。
이 논문에서는 몇 가지 방면에서 베이징의 스모그 문제에 대해 분석하고, 동시에 개선을 위한 제안과 방안을 몇 가지 제시했다.

美国人如何看枪支管制

　　美国是一个有三亿多人口的国家，可是民间却拥有两亿多各种枪支，各类枪击血案频发早已成为美国社会的痼疾。法律允许美国人持有枪支，但是美国人却为此付出了惨痛的代价。对枪支问题，美国人到底是怎么想的呢？

　　美国经历了殖民开拓、独立战争、西部大开发、地方自治与自卫。在这个历史背景下，拥枪被普遍认为是美国人自由、人权、自卫的价值观体现。美国社会首先强调的是个人权利和个人价值，而枪，恰恰是体现个人权利的重要工具。因此，大部分的美国人还是赞成私有枪支的。全国步枪协会主席基恩、首席执行官拉皮埃尔等人一再申明，是人而不是枪造成了枪击惨案，因而仅对枪支进行管理不是治本之策。他们的逻辑是，如果人人拥有枪支，这个社会将会更加安全。科罗拉多州电影院枪击惨案发生时，如果现场观众有枪，就会当场制止凶手行凶。如果桑迪胡克小学教师有枪的话，也不会使那么多孩子丧生。因此，阻止持枪行凶的唯一办法是人人都有枪。他们还认为解决美国枪击案应从人的精神健康护理入手，而不是发生枪击案后便高喊禁枪。

　　在美国，关于枪支问题的辩论主要集中于如何控枪，而不是是否禁枪。皮尤研究中心跟踪调查美国人对持枪的看法已经有二十年，调查的核心是保护公民的持枪权与控制枪支的拥有权哪个更重要，而是否应该禁枪从来没有被关注过。调查数据显示，目前，拥护持枪权的人数和提倡枪支管制的人数

各占一半。美国人对枪支的态度至今没有根本分歧，拥枪仍有较为深厚的民意基础。拥枪派极力宣扬宪法修正案中的拥枪权，拥枪组织有着强大的影响力，尤其是针对国会的游说能力。比如，美国全国步枪协会会员规模已突破四百五十万人。好莱坞"硬汉"布鲁斯·威利斯等明星是其代言人。里根、肯尼迪、尼克松等八位美国总统也曾是会员。2004年，这个组织对反对国会延长"攻击性武器联邦禁令"起到了重要的作用。美国的控枪之路将如何走难以预料。但无论最终哪一种观点占上风，美国的民意将会是决定性的因素。

본문의 내용에 근거하여 다음 문제에 대해 이야기해 보세요.

1. 在历史上，美国人对私有枪支的态度是什么？为什么？

2. 全国步枪协会认为应该怎样解决枪击案频发的问题？为什么？

3. 根据调查结果，保护公民的持枪权与控制枪支的拥有权哪个更重要？为什么？

4. 对美国人拥有枪支的权利，你是支持还是反对？为什么？

5. 在你看来，解决美国持枪犯罪的问题需要从哪些方面着手？

∩04

1	管制	guǎnzhì	통 통제하다, 단속하다
2	早已	zǎoyǐ	부 진작, 일찌감치, 벌써부터
3	痼疾	gùjí	명 만성질환, 고질병
4	持有	chíyǒu	통 소지하다, 가지고 있다
5	惨痛	cǎntòng	형 뼈저린, 비참하고 침통한
6	殖民	zhímín	통 식민통치하다
7	独立战争	dúlì zhànzhēng	독립전쟁
8	自治	zìzhì	통 자치하다, 자치권을 행사하다
9	自卫	zìwèi	통 자위하다, 스스로를 지키다
10	拥	yōng	통 어근 소유하다, 보유하다
11	人权	rénquán	명 인권
12	恰恰	qiàqià	부 꼭, 딱, 마침
13	大部分	dàbùfen	명 대부분
14	私有	sīyǒu	형 개인 소유의, 사유의
15	首席执行官	shǒuxí zhíxíngguān	CEO(Chief Executive Officer)
16	一再	yízài	부 몇 번이나, 수차, 거듭
17	惨案	cǎn'àn	명 참사, 대형 사고
18	策	cè	명 어근 계책, 정책
19	逻辑	luójí	명 논리
20	现场	xiànchǎng	명 (사건 혹은 사고의) 현장
21	当场	dāngchǎng	명 현장, 그 장소
22	制止	zhìzhǐ	통 저지하다, 제지하다
23	凶手	xiōngshǒu	명 살인범, 흉악범
24	阻止	zǔzhǐ	통 저지하다, 가로막다
25	持	chí	통 어근 소지하다, 가지다, 지지하다
26	唯一	wéiyī	형 수식 유일한
27	护理	hùlǐ	통 돌보다, 보살피다, 보호 관리하다
28	入手	rùshǒu	통 손을 대다, 착수하다
29	禁	jìn	통 어근 금하다, 금지하다
30	辩论	biànlùn	통 토론하다, 변론하다
31	跟踪	gēnzōng	통 추적하다, 바짝 뒤를 따르다
32	核心	héxīn	명 핵심

33	分歧	fēnqí	몡 (의견·견해 등의) 차이, 다름, 불일치
34	民意	mínyì	몡 민의, 여론
35	极力	jílì	븟 한사코, 애써, 있는 힘을 다하여
36	修正案	xiūzhèng'àn	몡 수정안
37	会员	huìyuán	몡 회원
38	汉	hàn	몡 어근 남자
39	代言人	dàiyánrén	몡 대변인
40	攻击	gōngjī	동 공격하다, 비난하다
41	联邦	liánbāng	몡 연방
42	禁令	jìnlìng	몡 금지, 금령
43	预料	yùliào	동 예상하다, 전망하다, 예측하다 몡 예상, 전망, 예측
44	最终	zuìzhōng	몡 최종, 마지막
45	上风	shàngfēng	몡 우위, 우세, 유리한 입장

고유명사

1	基恩	Jī'ēn	인명 데이브 킨(Dave Keene)
2	拉皮埃尔	Lāpí'āi'ěr	인명 웨인 라피에르(Wayne LaPierre)
3	皮尤研究中心	Píyóu Yánjiū Zhōngxīn	퓨 리서치 센터(Pew Research Center)
4	好莱坞	Hǎoláiwù	할리우드 [미국의 영화 산업 중심지]
5	布鲁斯·威利斯	Bùlǔsī Wēilìsī	인명 브루스 윌리스(Bruce Willis)
6	里根	Lǐgēn	인명 로널드 레이건(Ronald Wilson Reagan)
7	肯尼迪	Kěnnídí	인명 케네디(Kennedy)
8	尼克松	Níkèsōng	인명 리차드 닉슨(Richard Milhous Nixon)

한국어 번역

主课文 [Main Text]

副课文 [Plus Text]

看《非诚勿扰》知现代婚恋观

〈두근두근 스위치〉를 통해 현대 연애결혼관에 대해 알다

〈두근두근 스위치〉는 장쑤 위성 TV의 커플 매칭 프로그램으로, 젊은이들은 이 TV 프로그램을 통해 자신의 반쪽을 찾는다. 여기서는 매 회 24명의 미혼 여성들이 남성 출연자들과 교류를 한다. 그녀들은 남성 출연자들의 이미지에 근거하여 불을 켜거나 끄는 방식으로 남성 출연자의 퇴장 여부를 결정한다. 만약 어떤 여성 출연자가 한 남성 출연자를 위해 끝까지 불을 켜고 있고 그 남성 출연자 역시 그녀를 좋아한다면 이들의 연결이 성사된 셈이고 두 사람은 함께 무대를 떠나게 된다.

〈두근두근 스위치〉가 방영된 이후 시청률과 시청자들의 관심도 측면에서 볼 때, 이 프로그램은 최근 중국에서 가장 핫한 맞선 프로그램이 되었다. 그렇다면 〈두근두근 스위치〉는 어떠한 연애결혼관을 보여주고 있는 것일까?

첫째, 연애 대상을 선택할 때 다수의 남녀 출연자가 '외모로 상대방을 평가'한다. 남성 출연자는 상대방과 어떠한 교류나 이해 없이 아주 짧은 1~2분의 시간 안에 자신의 마음을 움직인 여성을 선택해야 하므로 단지 예쁜 얼굴만 보고 선택하는 셈이다. 그리고 여성 출연자가 불을 켜거나 끄는 것도 모두 남성 출연자의 외모나 옷차림을 통해 판단하게 된다. 여성 출연자가 불을 켜는 경우는 '키 크고 잘생긴 돈 많은 남자'일 때가 많고, 남성 출연자는 '하얀 피부에 예쁘고 돈 많은 여자'일 때가 많다. 이는 단지 〈두근두근 스위치〉란 프로그램에 출연한 남녀 출연자들만의 문제는 아니다. 이것이 반영하는 것은 소란스럽고 경박하기 이를 데 없는 오늘날에 '외모로 사람을 판단하는 것'이 이미 현대의 수많은 청춘 남녀들의 보편적인 경향이 되어버렸다는 것이다.

둘째, 커플 매칭의 과정에서 과도하게 물질적인 것을 추구하여 '연애'가 곧 '조건 따지기'가 되어버렸다. 프로그램 속 마뉘라는 인기 출연자의 '어이없는 말'에서 이러한 연애결혼관을 가장 집중적으로 볼 수가 있다. 그녀는 '자전거에 앉아서 웃느니 차라리 BMW 차에 앉아서 울겠다.'라고 말했는데, 이것은 바로 요즘 젊은이들의 연애결혼관 중 가장 현실적인 측면을 반영하고 있다. 즉, 금전 등 물질적인 요소가 연애와 결혼의 기본 조건이 되어 집도 있고 차도 있어야 결혼을 논할 수 있게 되었다. 여성의 입장에서는 '일을 잘하는 것보다 시집을 잘 가는 게 더 낫고', 이상적인 상대는 '키 크고 잘생긴 돈 많은 남자'이다. 남성의 입장에서는 '자신이 노력하는 것보다 아버지한테 공을 들이는 게 더 낫고', 이상적인 상대는 바로 '하얀 피부에 예쁘고 돈 많은 여자'이다. 한 관련 조사에 따르면, 1980~90년대에 출생한 여성 중 절반 정도가 이른바 '재벌 2세'에게 시집가기를 원했고, 이렇게 하면 스스로 노력하는 시간을 많이 줄일 수 있기 때문이라고 했다. 마찬가지로 젊은 남자들의 경우 여성 측의 수입과 집안 경제력에 관심을 두는 경우가 많았다. 이러한 현상은 우려하지 않을 수 없다.

마지막으로 '패스트푸드식' 연애와 결혼이 주목을 받고 있다. 이 프로그램에서 아주 짧은 몇 십 분 동안 몇 쌍의 남녀들이 연결되는 데 성공하지만 연결된 이후 결혼까지 골인하는 경우는 매우 드물다. 사실 이러한 '초고속 연결'은 결코 이상할 게 없다. 최근에 '초고속 결혼', '초고속 이혼', '시험 삼아 결혼하기', '시험 삼아 이혼하기' 등의 패스트푸드식 결혼 방식은 바로 현대인의 연애결혼관을 그대로 보여주고 있다. 단 몇 초 만에 한 사람과 사랑에 빠질 수 있고, 또 단 몇 분 만에 연애를 하기도 하고, 또 단 몇 시간 만에 결혼 상대를 결정할 수도 있으니, 두 사람이 '눈만 맞으면' 바로 적당히 결혼하게 된다. 이렇게 맹목적이면서도 빠르게 자신의 반려자를 구하는 방식으로 인해 연애 및 결혼의 과정은 마치 패스트푸드를 먹는 것처럼 되어 버렸다.

〈두근두근 스위치〉라는 프로그램이 상당히 많은 시청자를 갖고 있기 때문에 이것이 보여주는 연애결혼관은 분명 수많은 젊은이들이 연애를 하고 배우자를 선택하는 기준에 영향을 줄 수 있고, 결혼관 및 윤리도덕관에도 영향을 줄 것이다. 따라서 사회자와 특별 초청 출연자가 바르게 인도하는 것이 매우 중요하다. 동시에, 출연자들의 올바른 연애결혼관 역시 시청자들에게 좋은 깨달음을 줄 수 있다. 예로, 어느 회차에서 하버드대학의 우등생인 안톈이란 사람이 현장에 있던 여성 출연자에게 가치관과 관련된 문제를 물어본 적이 있다. 그는 "만약 당신이 천만 달러에 당첨된다면 이를 어떻게 처리할 건가요?"라고 물었다. 그러자 세 명의 불을 켠 여성 출연자의 대답 모두 안톈의 공감을 얻지 못하였다. 그녀들 모두 자신이 이 돈을 어떻게 써버릴 것인가에 대해 생각한 데 반해, 안톈의 대답은 "만약 나라면, 펀드를 하나 만들 것인가, 고아를 돌볼 것인가, 아니면 자선사업을 할 것인가 중 하나를 선택할 것입니다. 사람은 반드시 사람들을 위한 봉사의 정신이 있어야 합니다."였기 때문이다. 안톈의 이 말은 좌중을 모두 놀라게 하였고 모두가 깊이 생각하게 만들었다. 이로 볼 때, TV 맞선 프로그램은 사람들을 즐겁게 할 때도 반드시 프로그램의 교육적 의미에 대해서도 주의해야 한다.

副课文 `Plus Text`

1980년대생의 '초고속 결혼과 초고속 이혼'

몇 년 전까지만 해도 '초고속 결혼'이라는 말이 유행했지만, 지금은 '초고속 이혼'이라는 말이 그것을 대체해 버렸다. 최근 1980년대에 출생한 많은 젊은이들의 결혼과 이혼이 모두 너무 빨라진 것에 대해 이것은 사회학자들이 주목하는 문제가 되었다. 일반적으로 볼 때, 이들의 결혼은 길어야 3년, 짧으면 단 두세 달 만에 끝나 버린다. "80년대에 출생한 젊은이들은 이혼할 때도 매우 '쿨'하게 하는데, 이 또한 불가사의한 현상이다." 결혼 등기소의 한 직원이 기자에게 이같이 말했다. "이혼 수속을 하러 온 젊은이들 중 어떤 이는 마치 친구처럼 서로 편하게 행동했고 심지어 휴대전화로 기념사진을 찍기까지 했다. 또 어떤 이는 아이까지 있는데도 쌍방이 미리 이혼합의서를 써 와서 등기소 직원이 그들에게 권하는 그 어떤 말도 듣지 않고 수속을 마치자마자 바로 떠나버렸다."

왜 '초고속 결혼과 초고속 이혼'을 하는 것일까?

통계에 따르면, 80년대생의 이혼 사건 중 90% 정도의 부부가 외동 자녀이다. 이들 외동 자녀들은 일찍이 가장 행복한 세대라고 불렸었다. 그들은 먹고 입는 문제에서 전혀 걱정 없는 생활을 누렸고, 부모나 조부모의 사랑을 듬뿍 받았다. 그래서 어렸을 때부터 이들은 '소황제', '소공주' 등으로 불리었고, 아낄 줄도, 감사할 줄도 잘 몰랐다. 1960~70년대에 출생한 이들과 비교할 때, 80년대생은 결혼 생활에서 관용과 양보가 부족하여 결혼 생활의 안정감이 하락하였다. 조사에 따르면, 이미 결혼한 외동 자녀들의 가정에서 30%가 파트타임 파출부를 고용하여 가사를 맡겼고, 20%는 부모의 도움으로 집안을 정리했다. 그리고 80%는 장기간에 걸쳐 부모 집에서 식사를 하였다. 이와 동시에, 이 시대의 사람들은 결혼의 질적인 요구치가 오히려 매우 높아서 대충 평범한 생활을 하며 살고 싶어 하지 않았으며 사소한 일로 인해 유발되는 이혼 또한 점차 늘어났다.

이혼율이 높은 것이 꼭 외동 자녀의 개성에서 기인하지는 않는다고 보는 사람들도 있다. 80년대생 젊은이들의 문화적 배경은 그들의 부모와 다르기 때문에, 그들은 전통적인 결혼 관념이 줄어든 반면, 사회의 새로운 사상을 받아들임으로써 결혼에 대한 태도 역시 그들의 부모들처럼 그렇게 신중하지도 않다. 그들은 '마음이 맞으면 같이 살고, 안 맞으면 헤어진다.'고 생각한다. 한 네티즌은 "잘못된 결혼으로 서로 억지로 함께 있는 것이야 말로 두 사람 모두에게 불행이다. 결혼하고서야 성격이 맞지 않음을 알게 되었고 그래서 이혼하는데 이것이 무슨 문제인가? 설마 그 잘못된 선택을 계속 지속해야 하는가?"라고 말한다. 여기서 주목할 만한 사실은 바로 이러한 젊은이들의 '초고속 결혼과 초고속 이혼'에 대해 집안 어른들이 지지한다는 점이다. 집안 어른들은 본인의 자식이 결혼 생활에서 억울함을 당하지 않게 하려고 자식에게 상호 간의 포용을 가르치지 않고, 오히려 양보하지 말라고 요구한다.

가까이 있는 사람을 아끼는 것이 낫다

한 심리상담가는 "초고속 결혼이 듣기에는 매우 세련되어 보이지만 사실 그 고통은 당사자들만이 안다."라고 언급한 바 있다. 그는 결혼한 지 얼마 안 된 젊은 엄마가 몇 달 안 된 아이를 안고 여러 차례나 이혼 상담을 하러 오는 것을 보고 매우 가슴이 아팠다. 그는 이렇게 말했다. "결혼 생활에서 결혼의 동기, 서로에 대한 이해, 결혼에 대한 인식과 결혼 생활 경영 방식 등에 대해서 공감대를 형성하기 위해서는 상당히 긴 시간을 필요로 한다. 행복한 가정은 분명 소박한 생활에 대한 이해에서 비롯되는 것이다. 결혼은 시작에 불과하고, 결혼 생활에서 배우고 성장하는 것이 제일 중요하다." 그는 또 "모든 것은 다 노력을 통해 얻을 수 있지만 오직 아내만은 하느님의 은혜이다."라는 영국 시인 포프의 말을 인용하면서 젊은 남녀가 눈앞에 가까이 있는 이를 아껴주기를 바랐다.

어떤 이는 이혼을 원하는 부부에게 먼저 '시험 삼아 이혼하기'를 권한다. 어떤 젊은이는 이혼 후에 후회하여 재결합을 원하고, 재결합했다가 또 아니다 싶어서 다시 이혼하고 싶어 하는데, '시험 삼아 이혼하기'는 일시적인 충동으로 인한 손실을 최대한 줄일 수 있다.

② 职场上的"90后"

직장에서의 '90년대생'

2012년은 90년대에 출생한 대학 졸업생들이 취업 전선에 가장 집중적으로 몰리는 한 해였다. 이들 90년대 생들은 외동 자녀가 대다수를 차지하여 '꿀단지'에 빠진 행복한 세대라고 인식된다. 그렇다면 이러한 직장 초년 생들은 어떠한 특징을 갖고 있을까? 최근 신화넷 기자가 여러 고용박람회, 취업 컨설팅 기관 및 기업을 인터뷰 한 후, 많은 90년대생들의 직장 취업 상황을 이해할 수 있었다.

흥미 위주

얼마 전, 후베이성 인적 자원 센터에서는 두 차례에 걸친 종합 고용박람회를 개최하였다. 여기에는 소프트웨 어, 애니메이션, 통신, 기계, 기계 전력 설비, 제조, 광전자 등을 포함한 각 업종에서 수천 개 일자리가 구직자 들을 향해 앞다투어 손을 내밀었다. 그런데 기자가 봤을 때, 일부 기업은 사람이 너무 넘쳐나서 고민인 반면, 일부는 사람이 없어 썰렁했다.

90년대생인 샤오좡이 전공한 것은 호텔 경영학이다. 고용박람회가 시작되기 전, 그녀는 기자에게 자신이 좋아 하는 직업을 하나 찾고 싶을 뿐이며 그 외에는 별다른 생각이 없다고 하였다. 샤오좡은 "저는 영화를 좋아해요. 그리고 명품 브랜드 옷에 아주 푹 빠져 있어요. 그래서 업무가 꼭 이 분야와 관련되어야 해요."라고 말했다. 이전 에 그녀는 인터넷을 통해 우한에 있는 여성 의류 업체, 스포츠 브랜드 업체, 영화 스튜디오에 이력서를 보낸 적이 있다.

70년대와 80년대생들이 직업을 선택할 때 주로 안정성과 복지를 따졌다면, 90년대생들은 직업을 고를 때, 언제든 직장을 옮길 준비를 하고 있다. 이들 연령대에게 있어서 2년에 예닐곱 군데 직장을 바꾸는 것은 흔한 일이다. 극단적인 경우 어떤 이는 2년 사이에 무려 열한 번이나 옮겼다. 모 컨설팅 회사의 직업 설계사인 홍샹 양이 기자에게 말하기를, 면접시험을 볼 때 다수의 90년대생은 임금이나 지속성에 대해서는 전혀 이야기하지 않고, 견문을 넓힌다거나 경력을 쌓는 것에 대해서만 자주 언급한다고 한다.

강한 개성

관련 통계에 따르면, 90년대생 중 화이트칼라들이 가장 좋아하는 것은 업무의 자율성과 기업에서의 비전이 라고 한다. 업무 과정에서 그들은 개성이 매우 강하고 타협을 원치 않고 한다. 22세의 샤오위안은 졸업 후 한 기획 회사에 입사하였다. 주요 업무는 고객을 위해 전시장을 꾸미는 것이다. 샤오위안은 업무를 대하는 데 있 어 매우 진지하다. 그는 장기간 고객과 좋은 관계를 유지하고자 한다면 디테일에 신경 써야 한다고 생각한다. 예를 들어, 고객을 위해 전시를 할 때는 샘플을 더 준비해서 비교할 수 있게 하는데, 이렇게 해도 큰 비용이 들 지도 않을뿐더러 고객을 만족시킬 수 있다. 그러나 이 점에 있어서 샤오위안은 사장과 의견이 달라 갈등이 생 겼다. 결국 샤오위안은 홧김에 회사를 관두고 나와 버렸다. 사실 이러한 상황은 소통을 통해 모두 해결할 수 있는 것이지만 샤오위안은 개성이 워낙 강하고 타협할 줄을 몰랐던 것이다.

휴대폰광

90년대생은 인터넷 시대의 우선적인 수혜자들이다. 인터넷은 그들의 생활과 공부 심지어 일자리 구하기에도 중대한 영향을 주었다. 업무 시간에 웨이보를 한다든지, 위챗을 보내거나 타오바오를 둘러보는 등 휴대전화를 손에서 놓지 못하는 것이 90년대생의 고질병이다. 그들은 웨이보나 위챗에 자기 생활의 소소한 것들을 게시하길 좋아한다. 샤오저우 역시 예외가 아니다. 한 번은 그녀가 웨이보에 사진 한 장을 올렸는데, 회사가 연구 개발 중인 신제품 자료가 사전에 유출되는 사태가 발생하여 회사에 큰 손실을 입혔다. 회사는 샤오저우를 해고하고 또한 법적 수단을 통해 그녀에게 상응하는 배상을 청구했다. 웨이보, 위챗 등 메신저 도구가 일상생활의 일부가 됨에 따라 90년대에 태어난 직장 초년생들은 일시적인 부주의로 회사에 손해를 끼치고 자신의 커리어에도 악영향을 끼치는 일이 없도록 보안 의식을 강화해야 한다.

창의력

취재 도중 한 소프트웨어 기업의 인사 담당자는 기자에게 "비록 저마다 다른 직업 선택관이 있겠지만, 90년대생은 새로운 사물을 받아들이는 능력이 매우 뛰어나고 창의력도 갖추고 있다. 만약 기업이 충분한 발전의 여지를 준다면 그들은 아주 빠르게 기업의 중추 세력이 될 수 있을 것이다."라고 말했다. 1993년 출생한 천신이는 미국의 프린스턴대학 수학과를 졸업하였다. 대학교 2학년 때 그녀는 휴대전화 원격감시 시스템을 만들었고, 이것으로 청년 창업자 대상을 받기도 하였다. 2013년 그녀는 중관춘의 한 스타트업 기업인 딥글린트에 입사하여 지금은 스마트 자동차 분야 가운데 컴퓨터 시각 운용 프로젝트에 참여하고 있다. 이 프로젝트는 차량 속도와 도로 상황, 도로 표지판 등에 대한 식별 시스템을 매우 빠르게 실현시킬 것으로 기대된다. 천신이는 스타트업 프로젝트에 집중하면서 매일 이 프로젝트의 진전과 회사의 발전을 지켜볼 수 있어서 뿌듯함과 보람을 느낀다고 말했다.

뛰어난 학습 능력, 참신한 아이디어, 창의력과 도전 정신, 이 모든 것이 바로 90년대에 태어난 직장 초년생들의 가장 찬란한 일면이다.

副课文 Plus Text

미국 대학생의 중국에서의 '돈벌이' 열풍

〈뉴욕 타임스〉의 보도에 따르면, 최근 금융위기의 영향으로 미국은 경제 불황에 실업률도 계속 높아져 취업이 상당히 어려운 실정이다. 이에 지금 막 졸업 가운을 벗은 미국의 대학 졸업생들은 너도나도 동쪽으로 눈을 돌려 그중 일부 졸업생들은 베이징이나 상하이로 와서 직업을 구하고 있다. 중국어를 잘 못 하거나 아예 한 마디도 못 하는 이들마저도 중국에 오고 싶어 안달이다. 중국 경제의 급성장과 저렴한 생활 비용 등이 이들을 유인하고 있다. 이 외에도 그들을 유인하는 또 다른 요소가 있는데 그것은 바로 미국의 대학생들은 졸업 후 현지에서 취업을 하게 되면 정부에서 빌린 학자금을 바로 상환해야 하지만 중국에서 취업을 하면 상환을 늦출 수 있다는 점이다. 그런데 보다 중요한 사실은 바로 중국에서는 미국에서 배우지 못했던 것들을 배울 수가 있다는 것이다.

조슈아 스티븐스는 2007년 미국 웨슬리안대학을 졸업한 후 '미국 연구' 전공의 학사 학위를 취득하였다. 2년 전, 그는 상하이의 한 교육여행회사에 들어가 시장 조사 연구 및 프로젝트 기획 업무에 종사했다. "저는 당시 중국에 대해 전혀 알지 못했습니다. 그래서 사람들은 모두 제가 미쳤다고 생각했고 중국어도 못 하면서 중국에 왜 왔냐고 했지만, 저는 저 자신을 뛰어넘고 싶었습니다."라고 그는 말했다. 현재 그는 매우 유창하게 중국어를 구사할 수 있다. 비영리기관과 홍보업체에서 경험을 쌓은 그는 최근 베이징의 한 인터넷 게임 회사에서 매니저를 맡고 있다.

사라베스 버먼은 2006년 미국의 바너드대학을 졸업하였다. 그의 전공은 '도시연구'이다. 그녀는 스물세 살에 처음 베이징에 왔고, 이후 미국의 동년배들이 얻기 어려운 직위를 얻어냈으며, 현재는 베이징의 한 현대무용단 프로젝트에서 총감독직을 맡고 있다. 그녀는 "중국어가 좀 떨어지고 중국에서 일한 경력도 없지만, 무용단에서 저에게 기회를 주어 순회공연을 기획하게 되었죠. 국제 교류도 진행하여 베이징 댄스 페스티벌에서 프로그램을 편성하고 감독하기도 했습니다......"라고 말했다. 2년이라는 시간 동안, 그녀는 무용단을 수행하면서 중국, 미국 및 유럽의 여러 나라를 돌아다녔다. 많은 중국 회사들이 미국 시장 개척을 원하면서, 특히 서구 사회와 중서 문화의 차이를 이해할 필요가 생기자 그들은 바로 영어를 모국어로 하는 직원을 채용하였다. 이는 수많은 미국 젊은이들에게 있어 중국에 가서 일을 하면 직장 생활의 밑바닥인 첫 단계를 건너뛰고 곧바로 더 높은 자리를 얻을 수 있다는 것을 의미한다.

사실, 중국에 가서 '돈벌이'하는 모든 외국인이 다 운이 좋은 것은 아니다. 현재 중국 경제의 성장 둔화 때문에 중국의 수백만 대졸자들도 복잡하고 냉혹한 취업 현실로 인해 많은 시련을 겪고 있다. 마찬가지로 외국인들도 중국의 취업 시장에서 더 이상 환영을 받지 못하고 있다. 〈월스트리트 저널〉의 얘기처럼 단순히 서양인이라는 증서 하나로 중국에서 취업을 하던 호시절은 이미 지나갔다. 또한 경제 성장이 좋다고 해서 개인의 취업 전망이 밝다는 것을 의미하지도 않는다. 전문적인 능력이 없고 중국어 실력도 낮은 외국인은 나날이 치열해지고 있는 경쟁에 속에서 쉽게 성공을 거두기 어려워졌다. 유학하고 귀국한 중국인들은 외국인들의 최대 경쟁 대상이다. 그들은 외국 대학의 학위와 각종 외국어 능력, 국제적 시각을 갖추었다. 한 마디로 '더 조건에 맞는 구직자'인 셈이다. 미국 인적 자원 컨설팅 회사인 휴잇 어소시에이트사의 한 연구에 따르면, 중국 기업이 선진국에서 온 직원을 고용할 때의 비용은 현지인보다 50%~200% 더 든다고 한다. 중국에 있는 다국적 기업들은 여전히 외국인을 필요로 하지만, 대부분이 중고위직으로 고학력과 풍부한 경험을 기본적인 요구사항으로 한다.

3 华裔虎妈教女严 中西争论起"硝烟"

중국계 '타이거 마더'의 엄격한 자녀 교육, 중서 간 논쟁의 '방아쇠'를 당기다

　　2011년 1월 미국 〈월스트리트 저널〉은 "왜 중국 어머니가 한 수 위인가?"라는 제목으로 최근에 발간된 《타이거 마더》라는 책의 일부를 발췌하여 실었다. 책의 저자이자 예일대학 법학 교수인 에이미 추아는 글에서 '중국식의 엄격한 교육'을 통해 자신이 어떻게 두 딸을 인재로 만들었는지에 관한 경험을 이야기했다. 이 글이 발표되자 영미 언론과 인터넷에서는 중국과 서양 교육관에 대한 논쟁이 일었다. 그렇다면 에이미 추아는 어떠한 어머니이고, 그녀의 교육 방법은 왜 이처럼 광범위한 논쟁을 불러일으켰을까?

　　추아는 중국계 미국인이고, 그녀의 남편은 유대계 미국인이다. 부부는 모두 예일대 로스쿨 교수이다. 그들에게는 두 명의 딸이 있는데, 큰딸 소피아는 일찍부터 피아노를 배워 어느 정도 두각을 나타냈고, 작은딸인 룰루는 어릴 때 바이올린을 배웠는데 나중에는 테니스로 흥미가 바뀌었다. 두 딸 모두 음악 콩쿠르에 참가하여 여러 차례 수상한 바 있다. 큰딸은 대학에 원서를 낸 결과 하버드와 예일대에서 모두 합격 통지서를 받았다.

　　에이미 추아는 '중국식' 교육 이념을 고수하여 두 딸에게 엄격한 가정 교육을 실시했는데, 외박 금지, 마음대로 친구 사귀기 금지, TV 시청이나 게임 금지, 마음대로 방과 후 활동 선택 금지, A보다 낮은 성적 금지, 피아노와 바이올린 연습만 허용 등의 많은 규칙을 만들었다. 그녀는 딸에게 무척이나 엄격하고 가혹했다. 그 예로 날씨가 무척 추웠던 어느 겨울날, 에이미 추아는 아이의 취미를 길러주기 위해 세 살도 안 된 작은딸 룰루에게 피아노를 가르치고 싶었지만, 딸이 말을 듣지 않았다. 그녀는 딸에게 "엄마 말 안 들을 거면 집에 못 있어. 착한 애가 될래 아니면 밖으로 쫓겨날래? 네가 말해 봐."라고 말했다. 이렇게 강제적인 훈육도 별다른 효과가 없었는지 아이는 여전히 말을 듣지 않았다. 그러자 그녀는 외투도 입히지 않은 채 아이를 문밖으로 내쫓아 한참 동안 추위에 떨게 했다.

　　에이미 추아는 자신의 교육관에서 출발하여 중국과 서양의 가정 교육에는 세 가지 차이점이 있다는 결론을 내렸다. 첫째, 서양 부모는 아이의 자존심을 지극히 중요시하지만, 중국 부모는 아이의 공부에 더 관심을 가지고 아이들이 노력하도록 재촉해야지만 성공할 수 있다고 믿는다. 서양 부모가 끊임없이 칭찬함으로써 아이가 자신감을 가질 수 있도록 하는 것과는 달리 중국 부모는 성공만이 제대로 된 자신감을 줄 수 있다고 믿는다. 둘째, 중국 부모는 유가 사상의 영향을 받았기 때문에 아이는 무조건 부모에게 복종해야만 한다고 여긴다. 구체적으로 자식은 고분고분해야 하고 부모가 자랑스럽게 여길 수 있도록 해야 한다. 그러나 서양 부모는 부모라고 해서 월권행위를 해서는 안 되며 아이도 꼭 부모의 말에 무조건 따라야 하는 건 아니라고 여긴다. 셋째, 중국 부모는 늘 자신이 아이에게 필요한 것이 무엇인지 아이보다 더 잘 안다고 믿고 자신이 바라는 것과 좋아하는 것을 자식에게 강요하지만, 서양 부모는 아이가 원하는 것을 존중한다.

　　사실, 모두의 비판은 주로 한 가지에 집중되어 있다. 즉 자식을 교육하는 과정에서 부모가 관심을 가져야 하는 것이 과연 자식의 행복인지 아니면 성공인지에 대해 에이미 추아는 자식의 공부와 성공이 더 중요하다고 본 것이다. 그녀는 아이들은 잘하는 것에만 관심을 가지는데, 잘하려면 열심히 공부해야 하지만 아이들은 늘 공부가 재미없고 힘들어서 두려워하므로 부모의 관리와 잔소리가 필요하다고 주장한다. 그녀가 보기에 서양 부모는 늘 아이의 일시적인 감정만 고려해서 아이들이 하고 싶어 하는 대로 방임한다. 당연히 서양에서는 그녀의 이러한 관점을 받아들이기 힘들다. 서양 부모는 공부든 게임이든 아이에게 즐거움과 만족감을 가져다줄 수 있어야 한다고 생각하기 때문이다.

에이미 추아의 교육관에 대한 비판과 의심의 목소리가 서양 사회뿐만 아니라 해외의 화교 사회, 심지어 중국에서도 일고 있다는 점은 깊이 생각해 볼 필요가 있다. 중국계 엄마들조차도 가정 교육에서 완벽하게 성공하거나 실패하는 방법이란 없으며 단지 자신의 아이에게 맞거나 안 맞는 방법만 있을 뿐이라고 주장한다. 에이미 추아의 교육 방식이 근본적으로 중국 엄마의 방식을 대표할 수는 없다. 그녀의 방식은 심하게 엄격하고 비인간적이기까지 한 부분이 많다.

이 글이 불러일으킨 중국과 서양의 가정 교육에 대한 논쟁과 갈등은 일시에 사라지지는 않겠지만 이 총성 없는 '전쟁'은 승부를 가리기도 쉽지 않다. 동양이든 서양이든 가정 교육이 학교 교육에 우선하기에 그 중요성을 소홀히 해서는 안 된다. 자녀가 성장하는 과정에서 부모는 어떠한 역할을 담당해야 하며, 자녀를 어떻게 인재로 키울 것인가에 대해 전 사회가 깊이 고민해 볼 만하다.

副课文 Plus Text

'청소년 같은 어른' — 미국 신세대 캥거루족

의식주를 모두 부모에게 완전히 의존하는 젊은이를 가리키는 '캥거루족'이라는 의미의 중국어 단어 '啃老族'는 다른 말로 '吃老族' 혹은 '傍老族'라고도 한다. 캥거루족은 일을 찾지 못한 것이 아니라 자발적으로 취업의 기회를 포기하고 집에서 놀면서 부모에게 의존하며 산다. 미국에서도 20~30대의 많은 젊은이들이 부모에게 의존하며 생활하는데, 이렇게 '청소년 같은 어른'을 영어로 'Adultoles'라고 한다.

24세의 엘레나는 스미스대학을 졸업한 후에 급여가 낮은 직장을 구했다가 작년에 다시 시카고의 집으로 돌아와 의사인 부모님과 함께 살고 있다. 엘레나 부모님은 자식에게 충분한 안정감을 줄 수 있어야 한다고 생각했으므로 이를 매우 기뻐했다. 다음 해 가을 엘레나는 대학원에 진학할 예정이고, 여동생도 봄에 스탠포드대학을 졸업하고 역시 집으로 들어올 예정이다. 이처럼 이미 20대가 된 자식을 부양하려고 하는 부모가 미국 어느 곳에나 있다. 그들은 자식이 머물도록 거실을 침실로 개조하거나 자식들의 대학원 학비를 대거나 자식들의 방세나 보험료를 계속 내주기도 한다. 그 결과 이들 젊은이들은 '청소년 같은 어른'이 되어 버렸다.

이렇게 이미 다 큰 자식들은 마치 부모의 보호를 누리고 있는 것처럼 보이며 성인이 되어서도 부모와 함께 사는 것을 창피해하지 않는다. 2000년의 통계에 따르면 24~34세 젊은이 중 거의 400만 명이 부모와 같이 산다. 이는 갈수록 많은 부모들이 이미 다 큰 자식들이 돌아와 같이 사는 것을 환영한다는 것을 보여준다. 최근 구직 사이트인 TRAK.com의 조사에 따르면, 대학생 중 60%가 졸업 후에도 부모와 같이 살 계획이며, 21%는 부모와 1년 이상 함께 살 계획이다.

이전 세대와 달리 '청소년 같은 어른'은 부모와 함께 사는 것을 수치스럽게 여기지 않는다. 그들은 대학 졸업 후 몇 년이 지나면 가정을 꾸리고, 아이를 낳고, 집을 사고, 경제적으로 완전히 독립하는 전통적인 의미의 독립을 더 이상 바라지 않는다. 현재 미국인의 첫 번째 결혼 평균 연령은 26세인데, 1970년의 평균 연령은 22세였다. 첫째 아이를 낳는 연령은 10년 심지어 더 이후로 늦춰졌다. 요즘과 같은 이러한 상황을 초래한 원인에는 여러 가지가 있는데 그중에는 취업 경쟁이 치열하고 고소득 직장이 통상적으로 석사 이상의 학력을 요구하는 것 등도 포함된다. 또 몇십 년 동안 주택 가격이 계속 올라 30세 이하의 대다수 젊은이들에게 있어 주택 마련은 헛된 꿈에 불과하다.

경제적인 어려움 외에 심리적인 원인도 능력이 충분한 대졸자들이 부모에게 의존하게 만들고 있다. 메릴랜드 대학의 심리학자인 제프리 아네트는 "최근 두 세내 산의 관계가 제2차 세계대전 이후 가장 친밀한 시기인 것으로 보이며, 이들 젊은이들은 확실히 그들의 부모를 좋아하고 존경하고 있다."고 말했다. 그러나 일부에서는 자식에게 있어 이는 위험한 종속의존 관계이며, 부모에게는 과도한 개입이기 때문에 이 방법이 자식의 성장과 독립에 전혀 도움이 안 된다고 주장했다.

多元文化冲击 "圣诞节" 世俗化

다문화의 영향, '크리스마스'의 세속화

최근 몇 년 동안 글로벌화의 발전에 따라 전통적인 서양 명절인 '크리스마스'도 다문화의 영향을 받고 있다. 서구 국가에서는 '크리스마스'의 종교적인 색채가 점차 퇴색되고 있고, 다른 국가에서는 '크리스마스'의 종교적인 색채 희석과 명절 특수에 따라 갈수록 많은 사람들이 이 명절을 축하하기 시작했다.

과거에는 천주교와 기독교 신도가 인구의 절대다수를 차지하는 국가에서만 크리스마스가 모두의 축제였다. 그러나 지금은 상황이 달라졌다. 예를 들어, 영국, 프랑스, 캐나다 등의 국가에서는 크리스마스의 전통은 유지하고 있지만, 아시아 등지에서 온 이민자들이 해마다 늘어나면서 그 종교적인 의미는 갈수록 옅어지고 있다. 이와 동시에 크리스마스의 내용과 형식에 대해서도 말들이 많다. 크리스마스트리를 장식해야 하는가, 다른 사람들에게 '메리 크리스마스'라고 인사해야 하는가, 크리스마스 카드에 산타를 그려야 하나 아니면 성스러운 아기 예수를 그려야 하나 등은 이미 사람들 사이에서 논의되는 핫 이슈가 되었다. 사실 크리스마스에 대한 논쟁은 서구 사회가 다원화된 이후의 필연적인 현상이다. 중국인들은 '연말연시의 느낌'이 갈수록 옅어지고 있다고 자주 불평하지만, 이는 대체로 민속과 전통의 소실에 대한 상실감의 일종이기 때문에 어떠한 대립을 일으키지는 않는다. 그러나 서구 사회에서 크리스마스의 '성스러운 느낌' 퇴색 여부는 각종 가치관, 종족, 종교 단체 이익의 투쟁과 관련된다.

보도에 따르면, 다문화 국가인 캐나다에서는 크리스마스를 축하하는 것은 다른 종교 신자들에게 실례가 된다고 여기는 사람들이 매우 많다. 예컨대, 회사 임원들은 크리스마스를 축하하는 것이 불공평을 초래하고 다른 민족의 감정을 상하게 할 수 있다고 우려하여 많은 회사들이 최근 몇 년 동안 '크리스마스'를 '명절'로, '크리스마스트리'는 '명절 나무'로, '메리 크리스마스'는 '명절 잘 보내세요.'로 고쳐 불렀다. 민간에서조차 이러하여 캐나다 정부 기관은 더 조심하게 되었고, 일부 정부 부처에서는 사무실에 크리스마스 장식을 하는 것을 법령으로 금지하기도 했다. 천여 년의 기독교 전통을 가진 영국에서 크리스마스는 줄곧 성대한 큰 축제였다. 그러나 최근 들어 크리스마스 분위기가 갈수록 썰렁해지고 있기 때문에 크리스마스 전에 심지어 "곧 크리스마스라는 거 알아?"라고 묻는 영국인들도 많다. 〈요크셔 포스트〉의 통계에 따르면, 올해 4분의 3 정도의 영국 회사에서 사무실에 크리스마스트리와 장식을 금지했다.

중국에서는 서양에서 '수입'된 전통 축제일인 '크리스마스'가 사람들의 생활 속에서 이미 새로운 함의를 부여받았다. 서양에서는 크리스마스이브에 집에서 모임을 가지거나 교회에 가서 미사를 드린다. 그러나 중국인의 크리스마스에는 중국적인 특색이 묻어 있다. 즉, 크리스마스 특수를 충분히 활용하기 때문에 크리스마스이브는 한 해 동안 가장 장사가 잘되는 날이다. 젊은 연인들은 크리스마스를 가장 낭만적인 날로 여긴다. 크리스마스에 스케이트장과 놀이공원에 가는 것은 한창 유행하고 있는 축하 방식이다. 또 극장이나 노래방, 술집 등의 유흥시설에서도 자신들만의 크리스마스 이벤트를 내건다. 미국 예일대학 온라인 사이트에서 어떤 사람은 "이 축제일을 축하하는 대다수의 멋쟁이들은 크리스마스의 종교적 의미에 대해 모호한 인식만 가지고 있을 뿐이다."라고 말하기도 했다. 베이징 사람들을 대상으로 한 무작위 인터뷰에서는 크리스마스를 '산타의 날'로 보는 사람들이 많은 것으로 나타났다. 요즘 대다수의 중국인들은 크리스마스를 신기해하며 축하할 뿐이다. 크리스마스를 보내면 새해의 분위기를 미리 만끽할 수 있고, 동시에 친구, 동료와 모임을 가지면 서로 간의 감정을 더 친밀하게 만들 수 있다고 여기는 사람도 있고, 한 해 동안 바쁘게 살았는데 크리스마스를 통해 긴장을 풀 수 있다고 여기는 사람도 있다.

지금의 크리스마스는 더 이상 전통적인 기독교 축제일이 아니다. 그 종교적인 의미가 서구 사회에서 희미해지든 다른 국가에서 유행하든 모두 다문화 영향의 필연적인 결과이다.

副课文 `Plus Text`

중국의 밸런타인데이 — '여친 대여' 게시글 올리기

음력 7월 7일은 중국 전통의 '칠석'으로 '중국식 밸런타인데이'라고도 한다. 결혼 적령기의 젊은이는 칠석을 어떻게 보낼까? 최근 인터넷에 '애인 구함', '여친 대여'라는 게시글이 올라왔다. 그런데 '여친 대여'는 오랫동안 독신들이 체면을 차리기 위해, 윗사람에게 둘러대기 위해 하는 행위라고 인식되어 왔지만, 요즘에는 90년대생 사이에서 유행하기 시작했다. '여친 대여'의 대열에 합류한 부류들에도 조용한 변화가 생겼다. 즉, 이들은 더 이상 사회 교류에 한계가 있거나 이성을 접촉하기 어려운 사람들만이 아닌 놀기 좋아하고 새로운 것을 좋아하고 사교에 능한 신세대들이다. '연애쪽쪽(恋爱么么哒)'이라는 위챗 플랫폼의 책임자인 루웨이의 소개에 따르면, 그들의 플랫폼에서 칠석을 보내기 위해 여자 친구를 대여하는 사람 중 거의 80%가 90년대생이다. 대다수의 사람들은 이런 방식이 신선하고 재미있다고 느끼며, 일부 소수만이 체면을 위해 혹은 결혼 상대를 찾기 위한 목적으로 플랫폼을 방문한다.

얼마 전 기자는 대학 캠퍼스 게시판에서 '애인 구함'이라는 게시글을 본 적이 있다. 예를 들면 "칠석이 다가옵니다. 1일 애인이 되어 줄 여학생을 찾습니다!"라는 내용이었는데, 게시자는 남자 친구나 여자 친구를 구하여 하루 동안 낭만을 느껴보기를 원했다. 우한의 모 대학 게시판에 한 남성이 자신은 대학 3년 동안 한 번도 여자친구를 사귀어 본 적이 없는데, 학교를 떠나기 전에 애인이 있는 밸런타인데이를 한 번 보내보고 싶다는 글을 올렸다. 그는 게시글에서 같이 손을 잡고 영화도 보고, 밥도 먹고, 길거리를 쏘다니다가 새벽이 되면 '헤어지자'고 썼다. 게시글이 올라온 후 댓글을 단 사람들은 많았지만, 호응을 한 사람은 거의 없었고, 어떤 사람들은 심지어 장난을 친 것이라는 의심까지 했다. 감정은 매우 신성한 것이기 때문에 분위기 때문에 '일일 애인'을 구해서는 안 된다고 댓글을 단 누리꾼도 있었다. 하지만 게시자의 용기에 감탄해서 친구로서 함께 밸런타인데이를 보내주고 싶다는 여성 누리꾼도 있었다.

'구인' 게시물 외에 자신을 '빌려주겠다'는 학생의 게시글도 있다. 대학에 재학 중인 가오 모 양은 웨이보에 "칠석에 같이 밥 먹어 주는 데 시간당 5위안, 같이 영화 봐주는 데 시간당 5위안, 같이 얘기를 나눠주는 데 시간당 10위안입니다. 손잡는 건 사절합니다."라는 '임대' 광고글을 올렸다. 가오 모 양은 현재 이성 친구가 없으며 다른 사람이 올린 '칠석 연인 도우미'라는 글을 보고 로맨틱하겠다는 생각이 들어 이를 모방하여 '임대' 글을 웨이보에 올렸다. 하지만 그녀는 가격을 제시한 것은 완전히 눈 끌기용이며 정말로 돈을 받지는 않을 것이라고 말했다.

그들의 게시물이 올라온 이후 인터넷에서는 열띤 논의가 일었다. 게시자에게 이해와 지지를 보낸 사람도 있고 반대하는 네티즌도 있었다. 지지자는 이것이 친구를 사귈 수 있는 새로운 방식이라고 주장했고, 반대자는 좋아하는 사람과 함께 칠석을 보내는 것은 따뜻하고 낭만적이지만 임시 남자 친구나 여자 친구 도우미와 함께 칠석을 보내는 것은 황당한 일이므로 행복하다고 말하기 어렵다고 했다. 이에 대해 우한(武汉)시내 심리학과의 한 교수는 인터넷에 친구 찾기 글을 올리는 것이 유행이기는 하지만 밸런타인데이를 위해 인터넷에서 애인을 구하는 행동을 해서는 안 되며, 게시자가 설령 진심으로 애인을 찾고 싶어 할지언정 이러한 방식은 안전하지 않으므로 장려할 가치조차 없다고 했다. 최근 2년간 위험을 줄이기 위해 일부 회사에서는 칠석에 젊은이를 위한 미팅 플랫폼을 만들기도 했다. 위챗 플랫폼을 통해 솔로인 젊은 남녀가 서로 알게 되고 이해하면서 우정도 쌓고 연애도 하는 것이다.

당신은 '수그리족'입니까?

중국 인터넷정보센터의 최신 〈중국의 인터넷 네트워크 발전 상황 통계 보고서〉를 살펴보면, 중국의 스마트폰 사용 비중이 전체 인구의 66%로 2013년 6월 말 현재, 중국의 메신저 사용자는 5억 명에 가깝고, 휴대전화 메신저 사용자는 4억 명에 달하는 것으로 나타났다. 중국에서는 차를 타거나 길을 걷거나 밥을 먹거나 회의를 할 때도 고개를 숙이고 휴대전화나 태블릿 PC를 들여다보고 있는 사람들을 쉽게 볼 수 있다. 위챗, 모바일 QQ, 웨이보, 문자 메시지 등의 메신저 도구가 갈수록 많은 사람들을 '수그리족'으로 만들고 있다.

사람들은 '수그리족'이라는 말로 고개를 숙이고 휴대전화만 보면서 코앞에 앉아 있는 친구는 아랑곳하지 않는 사람을 형용한다. 예전에는 감정을 교류하기 위해 친구들이 함께 모였다면, 지금은 모임에서도 모두 머리를 숙인 채 웨이보나 위챗을 하기 때문에 예전의 시끌벅적한 장면은 더 이상 찾아볼 수 없게 되었다. 노인들은 가족과 함께 모여 같이 식사를 하고 담소도 나누면서 단란함을 느끼기를 바라지만 모두 말없이 고개만 숙이고 있다. '수그리족'이 급증하면서 점차 많은 노인들이 휴대전화를 싫어하게 되었고, 심지어 자식들과 갈등을 빚기도 한다. '수그리족'에 반대하는 사람들 중 노인이 가장 선봉에 서 있다.

사람들이 위챗과 같은 모바일 사교 수단에 이처럼 열을 올리는 이유는 무엇인가? 푸단대학 사회학 전문가인 자오민은 위챗 열풍이 일어난 이유는 위챗이 사람들의 사회 교류에 대한 욕구를 잘 만족시켜 주기 때문이라고 했다. 즉, 사회 교류는 인류의 가장 기초적인 욕구 중의 하나이다. 사람들은 건강한 사교 관계로부터 정보와 지식을 얻고, 더 중요하게는 귀속감과 친밀감을 얻음으로써 더 안전하고 행복하다고 느낀다. 이러한 의미에서 말하면 위챗은 사람들을 시간과 공간을 초월하여 소통하고 교류하게 하며 소통을 위한 최적화된 편의성을 제공해 주므로 그 긍정적인 역할은 말할 필요도 없고, '모먼츠(朋友圈)'에서의 사진 공유는 사람들이 자신을 감상하고 싶어 하는 욕구를 매우 잘 만족시킨다. 그 외에도 중국인은 개성을 잘 드러내지 않기 때문에 면전에서 감정을 표현하기가 쉽지 않은데, 위챗은 일정한 시공상의 거리감을 만들어 녹음, 문자, 사진 등 많은 방식으로 교류가 가능하므로 더 쉽게 중국인으로부터 사랑을 받을 수 있는 것이다.

메신저는 사람과 사람 사이의 소통을 무척 편리하게 만들었지만, 우리의 삶에 부정적인 영향도 끼칠 수 있다. 그중 가장 두드러지는 것이 바로 '주의력 결핍', '강박증' 등의 심리적인 문제를 일으킬 수 있다는 점이다. 조사에 따르면 39%의 '수그리족'이 휴대전화 등 전자기기에 대한 의존증이 있고, 휴대전화가 없는 삶을 생각만 해도 공포감이 든다고 했다. 이는 일인 미디어를 과도하게 사용한 결과이다. 전문가들은 '수그리족'의 일상생활이 전자제품으로부터 방해를 받은 후 주변의 사람과 일에는 무심해지기 시작했지만, 인터넷의 신선한 사물에는 오히려 더 흥미를 느끼게 됨으로써 사회생활 장애, 심리 장애, 정서적 불감증 등의 폐해를 가져올 수 있다고 지적한다. 화이트칼라인 아원은 자신이 이미 '위챗 강박증'에 걸렸다고 느끼고 있다. 그는 "자주 모먼츠에 들어가 친구들에게 무슨 새로운 일이 일어났는지 봅니다. 만일 제가 사진을 올렸다면 친구들이 어떤 댓글을 다는지 빨리 보고 싶어요."라고 말했다. 이밖에 모먼츠에서 사진을 공유하면서 서로 비교를 하기 때문에 자괴감이 들 수도 있다.

과학기술이 고도로 발달한 오늘날, 사이버 세상에서는 친구가 엄청나게 많지만 현실에서는 대화를 나눌 사람 하나 찾기가 어려운 이도 있다. 이는 첨단 과학기술이 가져온 비애라고 하지 않을 수 없다. 휴대전화는 원래 사람들에게 소통의 효율을 향상해 주기 위한 하나의 도구에 불과하다. 그러나 만일 여기에 과도하게 빠져 가장 효율적이고 직접적인 면대면 소통 능력이 퇴화된다면 득보다 실이 더 많다고 할 수 있다. 그러므로 모두가 합리적으로 휴대전화, 태블릿 PC 등의 전자 제품을 이용하고, 매일 적당히 '인터넷을 하지 않으며', 자주 모임에 나가고 독서를 하며 운동도 하면서 자신을 의식적으로 '언제나', '어디에나 있는' 인터넷으로부터 해방시켜야 정보시대의 '늘 속에 갇힌 사람'이 되지 않을 수 있다.

副课文 Plus Text

한때 붐을 일으킨 '셀카 올림픽'

풍부한 상상력을 동원한 '셀카 올림픽'이 최근 외국의 여러 SNS를 휩쓸며 단 며칠 만에 참여자가 벌써 수십만 명에 이르렀다. 어떤 이는 자신을 옷처럼 방문에 걸기고 하고, 어떤 이는 욕실의 세면대 속에 머리를 처박는가 하면, 어떤 이는 각도를 활용하여 '개처럼 생긴 얼굴'이 나오게 찍기도 했다. 외국 매스컴에서는 이 '셀카 올림픽'의 구호가 '더 높게, 더 강하게, 더 바보처럼'인 것이 분명하다며 조롱했다.

'셀카'의 유래

'셀카'는 '2013년 올해의 화제어'였다. 따지고 보면, '셀카'는 사실 신조어는 아니다. 2002년 호주의 한 인터넷 게시판에 '셀카'라는 단어가 처음으로 등장했는데, 당시 한 호주 남성이 계단에서 실수로 넘어져 얼굴을 다친 사진을 올리면서 사진 설명에 '셀카'라는 단어를 사용한 것이다. 그런데 요 몇 년 동안 스마트폰, 태블릿 PC, SNS가 발달하면서 이 단어가 세계적으로 유행하기 시작했다.

셀카와 나르시시즘

요즘은 거의 모든 SNS에 별의별 종류의 셀카 사진이 다 올라와 있다. 일반인, 공인을 불문하고 셀카 사진을 통해 자신의 생활과 개성을 보여줄 수 있다. 유명인은 이를 통해 인지도를 높이기도 한다. 미국의 인기스타 킴 기다시안의 셀카 사진은 트위터에서 100여만 명으로부터 '하트'를 받기도 했고, 오바마 전 미국 대통령은 만델라의 장례식장에서 슈미트 덴마크 총리와 셀카를 찍어 입방아에 오르기도 했다. 셀카 붐은 심지어 우주에서도 불었다. 작년 연말 미국 우주인 마이크 홉킨스는 지구를 배경으로 찍은 셀카 사진으로 인해 언론의 주목을 받기도 했다.

어떤 사람들은 이제는 '나르시시즘의 시대'로 이미 들어섰다고 말하기도 한다. 모든 사람들이 자신의 가장 좋은 면을 SNS라는 가상의 박물관에 전시하고 싶어 하기 때문이다. SNS 시대의 셀카 붐은 이미 인터넷 문화의 하나가 되어 버렸다. 셀카가 유행하는 이유는 이것이 인간 본성인 나르시시즘을 자극하고, 사람들이 자신을 감상하면서 만족감을 얻을 수 있기 때문이다. 이와 동시에 다른 사람의 셀카 사진을 보면서 남을 훔쳐보고 싶은 관음증을 해소하고, 그들의 호평과 '하트'가 셀카를 찍는 사람들의 '창작' 열정을 북돋운다. 표면적으로 보면 셀카는 나르시시즘적인 천박한 행위이지만 프로이드 이론에 따르면 셀카에 열중하는 대다수의 사람들이 세상 사람들에게 보여주는 것은 진정한 '자신'이 아니라 선택과 편집을 거친 후의 '자신'이다. 자신을 좋아하는 것이 나쁜 것은 아니다. 그러나 인터넷은 결국 가상의 공간이므로 주변인의 호평은 예의상 그런 것일 수도 있고 심지어 대부분은 무의미한 표현일 뿐이다. 만약 셀카를 자아인식과 사회정체성의 방식으로 삼거나 진실한 모습으로 사회생활을 할 능력을 잃게 된다면 당연히 해서는 안 될 것이다. 인터넷은 점점 우리의 생활 습관과 사유 방식을 변화시키고 있다. 그러나 셀카를 통해 취미를 공유하든 존재감을 증대시키든, 보거나 보여지는 SNS의 상호작용에서 전자기기의 노예가 되지 않고 허구와 진실의 경계선을 확실히 이해하는 것이야말로 가상 중요하다.

女性维权非小事　社会关注人人知

여성의 권익 보호, 사소한 일이 아니라
사회가 관심을 기울이고 모두가 알고 있어야 할 문제

'남녀평등'이라는 구호를 외친 지 여러 해 되었는데, 이제는 문제가 정말로 해결된 것일까? 오늘날의 사회에서 어떤 경우에는 성차별이 여전히 심각해서 이러한 차별이 사람들의 언어를 물들이고 다양한 사회 현상에 반영되기도 한다. 그나마 현대 여성의 권익보호에 대한 의식이 점차 강해졌고, 그녀들의 노력이 사회에 성도덕의 경종을 울린 점은 다행이다.

양띠 해 '춘완'의 성차별 파문

2015년 춘완에서 공연되었던 콩트 '기쁨의 거리'로 '여신과 여장부'라는 화제가 인터넷과 미디어를 뜨겁게 달구었다. 민간 페미니스트들은 이것이 여성을 차별하고 모욕하려는 소지가 있다고 보았다. 하지만 일부 사람들은 이는 사소한 문제를 크게 키우는 것으로 '예술 작품이 만들어내는 예술적 이미지를 너그럽게 받아들이고 존중해야 하며, 굳이 마음에 담아둘 필요는 없다'고 생각한다.

이후 중국의 연예 정보 전문 사이트 '넷이스 엔터테인먼트'에서도 춘완의 촌극에 등장한 '중고품', '노처녀' 등이 여성을 차별했다고 보는지에 대해 조사했다. 참여한 네티즌은 3만여 명으로 단지 1/4 정도의 사람들만이 '춘완에 심각한 남성우월주의 경향이 있다'고 여겼을 뿐, 2/3는 '차별은 지나친 해석이다'라고 응답했다. 비록 이 조사 결과가 달갑지는 않지만 적어도 성차별이 춘완 사태를 통해 사회적으로 광범위한 주목을 받고 있음을 설명한다. 이번 논쟁은 그 자체만으로도 매우 긍정적인 의미를 갖는데, 민간 페미니스트들의 발언과 시청자들의 비난을 거치면서 이번 논의가 사회의식 측면에서 성차별에 대한 일반 대중의 관심을 환기시켰고, 사회 전체의 성별 민감성을 강화시켰기 때문이다.

이 사건 이후 〈중국여성신문〉은 기사에서 다음과 같이 말했다. "많은 사람들이 보기에 '여장부', '여신', '노처녀'와 같은 호칭은 그저 생동감 있고 재미있는 인터넷 용어일 뿐 성차별의 색채를 띠고 있지 않으며, 심지어 '여장부'와 같은 단어는 독립적이고 유능하며 개성 있는 여성에 대한 찬사일 수 있다. 하지만, 그들은 결코 '여장부'라는 표현 자체가 가치판단을 가지고 있다는 점을 깊이 고민하지 않았다. '여장부'는 '남자 같은 여자'인데, 그들이 칭송받는 품격은 남자가 가져야 하는 것들이어야 하며, 대다수의 '장부'가 아닌 여성들은 유약하고 무능하다는 것이다. 이것은 사실 여성 전체에 대한 차별을 내포하고 있다. '여신'이라는 호칭은 비록 칭찬의 의미이지만, 칭찬하는 깃이 여성의 예쁜 외모이자 남성들에게 인기 있는 이미지로, 여전히 남성적 시각과 남성의 여성에 대한 가치 판단에서 정의된 것이다."

여대생 취업 권익 보호 첫 소송의 성공

2013년 12월 18일 산시성 출신 여대생 차오쥐(가명)가 채용 과정에서 성별 제한을 받아 채용 기관인 베이징 거인세계교육과학기술 유한공사를 고소한 사건이 베이징시 하이뎬구 인민법원에서 개정 심리되었다. 이것은 〈취업 촉진법〉이 발효된 지 5년 만에 '여성의 합법적 권익 보호'라는 이유로 법원에 제기한 첫 소송이었다. 이 사건은 '중국 취업 성차별 제1안'으로 불리며 언론에 널리 보도된 바 있다.

2012년 6월 차오쥐는 베이징의 한 단과대학을 졸업했다. 그녀는 구직 사이트에서 거인교육에서 행정 보조원을 모집한다는 정보를 보고, 자신의 여러 조건이 요구사항에 부합한다고 여겨 구직 신청서를 보냈다. 보름 후 차오쥐는 전화로 거인교육에 문의했고 한 직원에게서 "이 일자리는 남성만 채용하므로 설령 당신이 여러 조건에 모두 부합하더라도 채용을 고려하지 않을 것이다."라는 답변을 들었다. 차오쥐는 법률 자문을 통해 고용기관에서 성별 때문에 채용을 거부하는 것은 성차별에 해당하며, 〈취업 촉진법〉, 〈여성 권익 보장법〉 등의 관련 법규를 위반한 것임을 알게 되었다. 2012년 7월 차오쥐는 베이징시 하이뎬구 법원에 소장을 제출하여 법적 절차를 통해 자신의 합법적인 권익을 지키기로 결정하였다.

치오쥐 사건은 많은 여성 구직자의 주목을 받았다. 법원에서 재판이 열렸을 때 중화여대의 한 학생은 기자에게 자신은 줄곧 차오쥐 사건의 진행 상황을 주목하고 있었다고 했다. 여대생으로서 취업 중 성차별을 당하는 것이 매우 보편적이고, 대부분의 사람들은 침묵을 지키지만 차오쥐는 법이라는 무기로 자신의 권리를 지켰으므로 모두가 그녀를 위해 응원하고 힘을 실어줄 만하다고 말했다. 재판 때 거인교육의 인숭 회장은 변호권을 포기하고 차오쥐에게 공개 사과하고 3만 위안을 배상하는 데 동의했으며, 아울러 거인교육이 사건 수임료를 부담했다.

위의 두 사안은 대표적인 실례로 사회에서 성차별이 여전히 존재하는 현실을 반영하였다. 여성을 '섹스 대상'과 '섹시 아이콘'으로 여기고, 말로써 그녀들에게 성별의 꼬리표를 단단히 달아주는 사람은 매우 많다. 심지어 여성 스스로도 성차별적인 언어를 사용하면서 그것이 여성에 대한 비하임을 의식하지 못하는 경우도 있다. 결혼과 연애, 가정과 직장에 반영된 남녀불평등 현상 역시 어디서든 볼 수 있을 정도로 헤아릴 수 없이 많다. 우리가 강조하려는 것은 남녀평등, 성적 권리 수호, 공정성 유지는 우리가 함께 노력해야 할 공동 노력의 목표이며 사회가 고도로 문명화되었다는 중요한 표지라는 점이다. 우리 사회가 이 방면에서 부단히 진보해 나가고 더 잘해 나가기를 바란다!

副课文 Plus Text

〈아빠 어디가〉로부터 현대 남성의 가정에서의 역할 변화를 살펴보다

다섯 명의 스티 아빠와 그들의 아이들이 중국 각지에서 나타났다. 서부 사막에서 낙타를 타고 동부 해변에서 낚시를 하고 먼 남서부 윈난에서 채소를 팔았다. 한 아빠는 딸의 머리를 빗겨줄 줄 모르고, 다른 아빠는 반드시 아들과 함께 사막에서 사흘을 보내야 하는데, 두 사람은 라면으로 배를 채울 수밖에 없다. 이것은 TV 리얼리티 프로그램 〈아빠 어디가〉의 일부 장면이다. 이 프로그램은 엄마가 없는 72시간 동안 아빠가 아이와 어떻게 지내는지를 보여준다. 미국 잡지 〈애틀랜틱 먼슬리〉의 웹사이트 보도에 따르면, 2013년 10월부터 방영되기 시작한 이래, 이 프로그램은 이미 중국에서 가장 인기 있는 TV 프로그램 가운데 하나가 되어 매주 시청자 수가 6억 명이 넘는다고 한다.

이 프로그램은 왜 이렇게 뜨거운 사랑을 받는 것일까? 전문가들은 참신한 아이디어와 스타 게스트, 여행 컨셉, 그리고 아이들의 순진함과 귀여움이 이 프로그램의 성공 요인이라고 지적한다. 참신한 아이디어는 현대 가정에서 남성과 여성의 역할 전환, 그리고 중국 신세대 아빠의 육아 이념과 방식을 반영했다는 점을 가리킨다.

'아이가 좌절했는데 어떻게 대처해야 할까?', '엄마가 없을 때 아빠는 아이와 어떻게 소통하는가?' 리얼리티 쇼에서 몇몇 스타 아빠들의 육아 방법은 가정 교육에 대한 시청자들의 관심과 토론을 불러일으켰다. 베이징사범대학 유아교육과의 리민이 부교수는 "중국 전통문화에서 아버지는 엄격하고 어머니는 자상합니다. 하지만 이 프로그램에서 우리는 아빠가 아이들에게 더 상냥하고 그들의 성장에 더 많이 참여하는 것을 봅니다. 이 프로그램은 '오늘날의 중국에서 아빠의 역할은 무엇인가'라는 현대 중국 사회에서의 중요한 문제를 제기해 줍니다."라고 말했다.

〈아빠 어디가〉는 '가정윤리로의 회복'을 이끌면서 아빠가 시간을 내서 아이의 의식주와 생활을 돌보고, 아이들과 함께 공부하고 놀며, 아이들과 소중한 시간을 함께 보낼 것을 장려했다. 하지만 업무가 바빠서 아이의 삶과 성장을 등한시하는 것이 요즘 많은 부모들의 문제이다. 한 광고 회사가 중국 성인 502명을 대상으로 실시한 조사에 따르면, 60%의 아빠들은 아이와 어울릴 시간이 충분하지 않다고 했지만, 이와 같이 대답한 여성의 비율은 37%였다.

현대 부모들은 자식과 어떤 관계를 맺어야 할까? 전통적인 부자 관계를 계승할 것인가, 아니면 평등과 상호 존중을 주장할 것인가는 이 프로그램이 주목하고 있는 또 다른 문제이다. 전통적인 유가 사상은 효도를 앞세워 자녀가 부모의 뜻에 순종하고, 부모가 늙었을 때 그들을 돌보아야 함을 표방한다. 한편 지금의 중국 부모들은 아이들과 그들의 선택에 관해 토론하고 존중해야 한다는 것을 점점 더 의식하고 있는데, 이것은 어쩌면 그들이 현대 사회에 진출하도록 돕는 더 적절한 방식일 수 있다.

오랜 기간 동안 여성들은 줄곧 중국 가정에서 아이들을 돌보는 주요 구성원이었다. 하지만 점점 더 많은 중국 여성들이 직장 생활을 하게 됨에 따라 일부 사람들은 남성들이 반드시 더 적극적으로 가장으로서의 책임을 맡아야 한다고 말한다. 예로부터 불변의 진리로 여겨졌던 '남자는 밖에서 일하고 여자는 안에서 살림한다'는 전통 관념은 이제 서서히 깨지고 있다. 이런 변화가 〈아빠 어디가〉라는 프로그램에서도 반영된 것이다. 중국의 신세대 아버지는 '안에서 살림하는' 역할을 맡아 육아라는 중책 분담을 더 희망하는 것 같다. 최근 난징 사범대학 교육과학대학의 중고생 성별 역할 관념에 관한 연구 조사에 따르면, 61%의 학생들이 '남자는 밖에서 일하고 여자는 안에서 살림한다'라는 관념에 반대하며, 남녀를 불문하고 사업에서 쉽게 성공하는 사람이 밖에서 일하고, 사회생활에서 약한 한쪽이 가정을 함께 돌보아야 한다고 생각하는 것으로 나타났다.

北京与伦敦: 雾都治霾浅议

베이징과 런던: 스모그 도시의 스모그 관리에 대한 논의

21세기의 베이징은 마치 19세기의 런던 같다. 이들은 모두 각자의 시대에 가장 빠르게 부상한 나라의 수도이자, 스모그의 심각한 습격을 받아 세계적으로 주목받는 '스모그 도시'가 되었다.

먼저 스모그로 뒤덮인 베이징부터 살펴보자. 뿌연 하늘, 탁한 공기와 공중에 떠 있는 유독성 미세먼지, 마스크를 쓴 시민들, 가시도가 매우 낮은 거리. 이런 답답한 광경이 왜 베이징에 나타난 것일까? 스모그는 다양한 오염원이 함께 작용한 결과이다. 베이징 및 주변 지역은 인구가 많고 공업이 밀집되어 있으며 석탄이 주요 에너지원인 데다 구릉으로 둘러싸인 지형이다. 이로 인해 베이징의 공기 오염은 일 년 중 어느 시기에는 위험 수준에 도달하거나 초과하게 되었다. 오염 시수가 위험 수준을 초과하는 경우 인체에 큰 해를 끼칠 수 있다. 세계보건기구가 발간한 〈2010년 세계 질병 부담 연구〉에 따르면, 중국에서 2010년 조기 사망한 사람들 가운데 120만 명의 죽음이 실외 공기 오염과 관련이 있다고 한다.

다음으로 19세기 산업화 시기의 런던을 살펴보자. 사람을 질식시키는 연기가 오랫동안 이 도시를 뒤덮었고, 1950년대까지 사라지지 않았다. '스모그 도시', '연무', '어둠'과 같은 단어들은 19세기 영국 명저에 종종 등장한다. 찰스 디킨스의 소설 《황폐한 집》은 런던의 안개를 '그것은 가슴속 깊이 스며드는 어둠이며, 온 세상을 뒤덮을 듯한 분위기다.'라고 섬세하게 묘사했다. 당시에는 난방을 공급하는 석탄이 스모그의 주된 원인이었다. 20세기 중반이 되자 공업과 차량의 유독성 배출물로 오염 문제가 더욱 심각해졌다. 스모그가 런던에 가져다준 피해는 막대했다. 1952년 런던 스모그 사건으로 일주일 동안 4,500명이나 사망했으며, 몇 달 만에 1만 2,000명이 목숨을 잃었다.

런던의 오염 기간은 매우 길어 한 세기 이상 지속되었다. 만약 이 비극이 베이징에서 다시 일어난다면 그것은 베이징에 재앙이 될 것이다. 중국 정부는 이미 환경 오염의 위해성을 인식하고 일련의 대응 조치를 취했다. 2014년 APEC 회의 기간 중 베이징 정부는 오염이 심한 공장과 공사에 대해 생산 제한, 가동 중단을 시행했다. 아울러 베이징과 주변 8개 도시가 차량 2부제를 채택했다. 이런 조치들로 공기의 질이 크게 개선되어 베이징에는 푸른 하늘이 다시 나타났다. 사람들은 그것을 'APEC 블루'라고 희화했다. 'APEC 블루'는 이례적인 관리의 결과로, 비록 장기간 지속되기는 어렵지만 사람들에게 희망을 갖게 했다. 런던의 성공적인 스모그 관리도 본보기로 삼을 만한 경험을 제공해 주었다. 1956년부터 런던은 산업 폐가스 배출을 제한하여 스모그와 유독성 미세먼지를 줄이는 한편, 대중교통을 발전시키고, 자동차 수를 감축하는 내용의 공기 오염 방지와 통제에 관한 일련의 법안과 조치를 내놓았다. 그밖에 런던은 청정에너지를 채택했으며, 저탄소 경제를 힘써 발전시켰다. 1975년 런던의 스모그 일수는 해마다 수십 일에서 15일로 줄었고, 1980년에는 5일로 줄어들었다. 베이징은 런던을 본보기로 삼아 'APEC 블루'가 베이징에 상주하도록 해야 한다.

현재 세계 많은 도시에 각기 다른 정도로 스모그가 발생하면서, 스모그는 이미 세계적인 골칫거리가 되었다. 각 지역과 국가는 협력을 강화하고, 서로 배우고, 적절하고 효과적인 조치를 취하여 오염 물질의 배출을 줄이고, 청정에너지를 개발하고 사용하여 스모그가 영원히 걷히도록 해야 희망이 있다.

태평양의 '플라스틱 섬'

　2008년 초 미국의 한 조사 보고서에서는 북태평양에 343만㎢의 '플라스틱 섬'이 생겼다고 밝혔다. 그것은 플라스틱 쓰레기로 이루어져 있고 면적은 프랑스의 6배에 해당하며, 2030년이 되면 그것의 면적이 9배 더 증가할 것이다. 더 두려운 것은 플라스틱 쓰레기가 동물들의 체내로 들이기 전체 생물권으로 확대될 것이라는 점이다. 어떤 사람들은 심지어 "우리가 먹는 생선이 어쩌면 그 플라스틱 쓰레기의 또 다른 형태일 수 있다."라고 말하기도 한다. 통계에 따르면, 2007년 전 세계적으로 1조 2,000억 개의 비닐봉지가 사용되었는데, 비닐봉지 하나가 생산되어 버려질 때까지 평균 12~20분밖에 걸리지 않는다고 한다.

　세계보건기구의 한 보고서에서는 공기, 물 등의 환경 오염으로 인해 전 세계적으로 해마다 5세 이하 어린이들이 300만 명씩 사망한다고 지적하였다. 오늘날 세계는 산업화, 기후 변화, 화학 제품 사용 등으로 인해 어린이들의 건강이 위협받고 있다. 어린이는 자기 보호 능력이 부족하여 환경 오염의 가장 큰 피해자가 되었다.

　과학 기술의 발전은 인간의 생활 수준을 향상시켰지만, 우리의 지구에 심각한 파괴를 초래하기도 하였다. 환경 오염은 이미 전 세계적인 문제가 되었다. 만약 이 문제가 해결되지 않으면 인류는 파멸의 위험에 직면하게 될 것이다. 과거 오랜 시간 동안 사람들은 환경 보호의 중요성을 느끼지 못했다. 현대 산업의 발전에 따라 온실 효과, 오존층 파괴, 쓰레기 문제, 수질 오염 및 생태 위기 등과 같은 환경 문제가 점점 부각되었다.

　어떤 이는 "경제를 발전시키려 한다면 반드시 환경이 오염될 것이고, 환경을 보호하려 한다면 경제 발전 속도를 희생해야 한다. 현대화는 반드시 전통적인 산업화라는 이 단계를 거쳐야 하므로 먼저 오염시키고 나중에 관리해도 된다. 돈만 있으면 뭐든지 처리하기 쉽다. 영미 등 선진국은 1인당 GDP가 증가함에 따라 환경 오염도 줄어들고 있다."라고 말한다.

　또 어떤 이는 "서구 국가의 '선 오염 후 관리'는 경험이 아니라 교훈이다. 환경 보호와 경제 발전은 닭과 달걀의 관계라서 환경 오염을 대가로 경제를 발전시킨다면 닭을 죽이고 알을 얻는 것과 같다. 경제 발전의 목적은 사람들의 생활 수준을 향상시켜 인류의 생존 환경을 더 좋게 하는 것이다. 만약 환경이 파괴된다면, 경제가 발전더라도 의미가 없다."라고 생각한다.

　경제 발전과 환경 보호 가운데 어떤 것이 먼저이고 어떤 것이 나중이어야 할까? 이것은 세계 모든 국가가 회피할 수 없는 문제이다. 많은 선진국들이 이전에 환경 오염으로 경제 발전을 바꾸는 대가를 치렀기 때문에 지금은 환경 보호를 매우 중시한다. 왜냐하면 그들은 '지구는 하나뿐이다'라는 것을 인식했기 때문이다.

　독일 정부는 기업에 대해 검사를 실시하고 각종 법률을 제정하여 온실가스의 배출을 억제했다. 2002~2003년 독일은 총 3,909개의 기업을 조사하여 공기 오염을 효과적으로 줄였다. 일본에서는 오염이 심각한 기업에 대해서는 처벌한다. 아울러 친환경 제품 구매를 독려하여 환경 보호 로고가 없는 제품은 시장에서 이미 인기가 없다. 일본의 산업 오염은 1960~70년대 사이에 점차 완화되어 80년대에는 기본적으로 통제되기에 이르렀다.

미국 정부는 막대한 자금을 써서 환경을 관리했고, 오염배출권 거래를 시행했으며, 수량을 엄격히 통제했는데, 이 조치는 매우 효과적이었다.

싱가포르는 쓰레기 관리에 중점을 두어 8년간의 노력으로 440만 인구의 모든 쓰레기가 매일 소각되어 작은 섬으로 운반되고 있다. 놀라운 것은 이 작은 섬에는 아름다운 식물과 동물들이 자라고 있어서 많은 관광객들을 끌어들였다는 점이다.

미국 캠퍼스, 왜 총기 난사 사건이 빈발하나

2007년 4월 16일 미국 버지니아공대에서 심각한 캠퍼스 총기 난사 사건이 발생하여 33명이 사망하였다. 2012년 12월 14일 오전 미국 코네티컷주 뉴타운 샌디훅초등학교에서 총기 난사 사건이 발생하여 26명이 사망했는데, 그 가운데는 6~7세인 1학년 학생 20명과 교사 6명이 포함되어 있었다. 2014년 1월 21일 미국 중서부 인디애나주 퍼듀대 캠퍼스에서 총기 난사 사건이 발생하여 남학생 한 명이 숨졌다. 이 일련의 총기 난사 사건으로 사람들은 충격을 받았고, 동시에 미국의 총기 관리 방면의 문제점이 드러났다. 미국 사법부의 집계에 따르면, 미국인들은 현재 2억 3,500만 자루의 총을 가지고 있는데, 이는 거의 모든 사람이 총 한 자루씩을 가지고 있는 정도에 이르는 것이다. 또한 매년 미국에서 발생하는 총기 난사 사건이 100만여 건에 이른다. 미국은 총기가 범람하는 국가이다. 미국 헌법에서 국민에게 총기를 소지할 수 있는 권리와 자유를 부여하고 있는 데다가 폭력 문화가 성행해 강력 범죄와 총기 난사 사건의 수가 여러 해 계속해서 줄지 않고 있다.

총기 범람은 미국 캠퍼스 총기 난사 사건의 빈번한 발생을 초래하는 '도화선'이다. 우선, 미국의 느슨한 총기 관리가 사람들이 쉽게 총기를 구할 수 있는 여건을 마련해 주었다. 미국에는 등록된 무기 판매점이 10만 개나 달하는데, 맥도날드의 전 세계 지점보다 많다. 만 18세의 젊은이는 범죄 기록만 없으면 총을 살 수 있다. 다음으로, 미국 국회에서는 엄격한 총기 관리 법안의 제정 여부에 대해 논쟁이 계속되고 있기 때문에 총기 범람 문제가 시종일관 해결되지 않고 있다. 미국 전미총기협회는 줄곧 총기 관리 강화를 반대해왔다. 이를 위해 그들은 국회의원들에게 대대적으로 로비를 하여 입법을 방해하였다. 2004년 대통령 선거에서 전미총기협회는 공화당에 140만 달러를 기부하여 부시의 재선을 도왔다. 그들이 이렇게 하는 것은 집권 공화당이 계속해서 그들의 입장을 지지해 주기를 바라는 것이다. 이를 통해 미국에서 엄격한 총기 관리 정책의 시행은 그 전망이 밝지 않음을 알 수 있다.

폭력 문화는 총기 난사 사건이 끊임없이 이어지도록 하는 또 다른 원인이다. 미국 언론은 폭력을 미화하는 경향이 있다. 폭력을 미화하는 영화에서 이른바 정의를 지키는 킬러들은 영웅으로 여겨져 칭송받는다. 그들은 종종 어떤 법률의 제약도 받지 않고 폭력을 문제 해결의 가장 효과적인 방식으로 사용하곤 한다. 이는 아직 옳고 그름을 분별하는 능력이 그다지 강하지 않은 아이들을 매우 강하게 현혹하는 작용을 한다. 미국 〈인터내셔널 헤럴드 트리뷴〉의 보도에 따르면, 미국 청소년은 18세까지 각종 매스컴에서 4만 건의 살인 사건과 20만 건의 폭력 행위를 목격한다고 한다. 매스컴에 반영된 폭력 문화는 아이들로 하여금 폭력을 사용하면 복잡한 문제를 해결할 수 있고, 분노를 표출하는 방법은 총을 쏴 사람을 죽이는 것이라는 잘못된 인식을 가지도록 한다. 영화와 드라마 속에서 총기 살인 스토리가 흔하기 때문에 자연스럽게 영향을 받은 아이들은 총이 모든 것을 '해결'할 수 있다고 믿는다.

총기 범람과 폭력 문화의 유행 말고도 학교와 가정에서의 도덕 교육의 부족함 역시 캠퍼스 총기 난사 사건이 빈번하게 발생하는 원인 가운데 하나이다. 콜로라도주 캠퍼스 총기 난사 사건의 생존자인 스콧은 과거 미국의 학교들은 도덕 교육에 치중했지만, 지금의 학교는 기본적으로 학업 성적이라는 단 하나의 목표만을 가지고 있어, 도덕의 함양을 아예 경시하고 있다고 생각한다. 이로 인해 아이들은 옳고 그름에 대한 관념이 부족하고 살인과 폭행이라는 범죄의 길로 들어서기 십상이다.

요컨대 최근 몇 년간 빈번히 발생한 캠퍼스 총기 난사 사건은 총기 범람 및 폭력 문화와는 떼려야 뗄 수 없는 것이다. 총기를 통제하고 미디어를 정화하고 학생들의 도덕 교육을 강화하지 않는다면, 캠퍼스 총기 난사라는 참사는 미국에서 계속 발생할 것이다. 오바마 대통령은 '진정한 변화는 워싱턴으로부터 비롯되는 것이 아니라 미국 민중들로부터 비롯된다'는 점을 잊지 말라고 강조하며, 미국 민중들이 함께 손을 맞잡고 총기 규제 입법을 추진하자고 호소했다.

副课文 `Plus Text`

미국인들은 총기 규제를 어떻게 보는가

미국은 인구가 3억여 명인 나라이다. 그런데 민간에서 2억여 정이나 되는 총기를 보유하고 있다. 각종 총기 유혈 사건의 빈번한 발생은 일찍이 미국 사회의 고질병이 되었다. 법률에서는 미국인들의 총기 소지를 허용하고 있지만, 미국인들은 이를 위해 혹독한 대가를 치렀다. 총기 문제에 대해 미국인들은 도대체 어떻게 생각하는 것일까?

미국은 식민지 개척, 독립전쟁, 서부 개척, 지방자치와 자위 시대를 거쳤다. 이런 역사적 배경 아래 미국인들은 보편적으로 총기 소지를 자유, 인권, 자위라는 가치관의 구현이라고 여긴다. 미국 사회가 우선으로 강조하는 것은 개인의 권리와 개인의 가치인데, 총은 바로 개인의 권리를 드러내는 중요한 도구다. 따라서 대부분의 미국인들은 여전히 개인의 총기 소지에 찬성한다. 전미총기협회 킨 회장과 라피에르 CEO 등은 총격 참사를 일으킨 것은 총기가 아니라 사람이므로 단지 총기에 대해 관리를 하는 것만으로는 근본적인 해결책이 될 수 없다고 거듭 밝혔다. 그들의 논리는 만약 모든 사람이 총을 소지하게 되면 이 사회가 더 안전해진다는 것이다. 콜로라도주의 영화관에서 총기 참사가 발생했을 때, 만약 관객이 총을 갖고 있었다면 현장에서 범인의 범행을 제지할 수 있었고, 샌디훅초등학교의 교사가 총을 가지고 있었다면 그렇게 많은 아이들이 죽지는 않았을 것이므로 총기 소지를 막을 수 있는 유일한 방법은 누구나 총을 가지고 있어야 한다는 것이다. 그들은 또 미국 총기 난사 사건의 해결은 사람들의 정신건강 관리로부터 접근해야 하며, 총기 난사 사건 이후 총기 금지를 외치는 것은 아니라고 주장했다.

미국에서 총기 문제에 관한 논쟁은 총을 금지할지 말지의 여부가 아니라, 주로 총을 어떻게 통제할지에 집중되어 있다. 퓨 리서치 센터가 총기 소지에 대한 미국인들의 견해를 추적 조사한 지 20년이 지났는데, 조사의 핵심은 국민의 총기 소지권 보호와 총기 소지권 통제 가운데 어느 것이 더 중요한지에 관한 것일 뿐, 총기를 금지해야 하는지는 주목받은 적이 없다. 조사 데이터에 따르면, 현재 총기 소지권을 옹호하는 사람 수와 총기 규제를 주창하는 사람 수가 각각 절반이라고 한다. 총기에 대한 미국인들의 태도는 지금까지 근본적으로 엇살린 적이 없고, 총기 소지는 여전히 두터운 민심의 기반을 가지고 있다. 총기 소지 옹호파들은 헌법개정안 가운데 총기 소지권을 적극적으로 홍보하고, 총기 소지 옹호 조직은 막강한 영향력을 가지고 있는데, 특히 국회를 겨냥한 로비력을 과시한다. 예를 들어, 미국 전미총기협회의 회원 규모는 이미 450만 명을 돌파했다. 할리우드의 '터프 가이' 브루스 윌리스 같은 스타들이 대변인이고, 레이건, 케네디, 닉슨 등 8명의 미국 대통령도 회원이었다. 2004년 이 조직은 국회의 '공격적 무기 연방 금지령' 연장을 반대하는 데 중요한 역할을 했다. 미국의 총기 규제이 향방이 어떠할지는 예측하기 어렵다. 하지만 최종적으로 어느 쪽이 우위를 점유하든 미국의 민심이 결정적인 요소가 될 것이다.

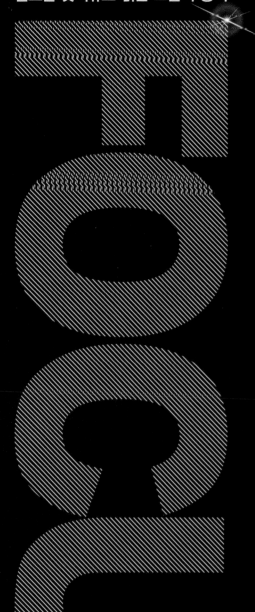

글로벌 핫이슈로 읽는 오늘의 중국

北京大学出版社
PEKING UNIVERSITY PRESS
《今日世界面面观 汉语焦点新闻选读》原著

포커스
FOCUS
중국어
독해 1

WORKBOOK

시사중국어사

포커스 FOCUS 중국어 독해

1

WORKBOOK

---

1 看《非诚勿扰》知现代婚恋观

〈두근두근 스위치〉를 통해 현대 연애결혼관을 알다

1 단어의 의미를 쓰세요.

① 价值观 _____　② 中式 _____

③ 能见度 _____　④ 离婚率 _____

⑤ 闪牵 _____　⑥ 试用 _____

2 서로 관계 있는 것끼리 연결하세요.

① 提出　•　　　　•　a. 伴侣

② 谈　•　　　　•　b. 认可

③ 娶　•　　　　•　c. 教育意义

④ 寻求　•　　　　•　d. 恋爱

⑤ 具有　•　　　　•　e. 问题

⑥ 得到　•　　　　•　f. 白富美

⑦ 反映　•　　　　•　g. 基金

⑧ 成立　•　　　　•　h. 现实

3 두 단어의 쓰임새를 구분하여 빈칸을 채우세요

(1) 具有 vs 有

❶ 我儿子的房间里 ＿＿＿＿ 一台电视机和一台游戏机。

❷ 这次选举对他的政治生涯 ＿＿＿＿ 非常重大的意义。

❸ 他虽然获得了博士学位，但是不 ＿＿＿＿ 当领导的能力和品质。

❹ 这部3D电影很 ＿＿＿＿ 想象力，非常精彩。

> TIP　具有는 주로 추상적인 의미에서 사용하며 문어 표현에 가깝다. 자신감, 능력, 의미 등의 비물질적인 것을 소유하고 있음을 나타낸다.
> 有는 비교적 구체적인 의미에서 사용하는 구어 표현이다. 물질적인 것이나 비물질적인 것을 소유함을 의미한다.

(2) 近 vs 差不多

❶ 参加外语教师大会的教师 ＿＿＿＿ 六千人，盛况空前。

❷ 这本书我 ＿＿＿＿ 两天可以看完，看完后马上还给你。

❸ 我 ＿＿＿＿ 有二十年没回老家了，非常想念那里的亲人。

❹ 他年 ＿＿＿＿ 六十，还坚持来上课，学习中文。

> TIP　近은 주로 추상적인 의미에서 사용하며 문어 표현에 가깝다. '~에 가깝다', '근접하다'의 의미이다.
> 差不多는 비교적 구체적인 의미에서 사용하는 구어 표현이다. 질이나 양적인 측면에서 다른 것과 '다르지 않다', '가깝다'의 의미를 나타낸다.

(3) 凭 vs 根据

❶ _____ 大家的意见，我们召开了一次会议。

❷ 毕业那天，学生可以 _____ 学生证进入学生餐厅免费吃饭。

❸ 他一直 _____ 着自己的努力一步一步实现理想。

❹ _____ 天气预报，这个星期每天都下雪。

> TIP 구어 표현 凭과 문어 표현 根据는 모두 '~에 근거하여', '~에 따라서'라는 의미의 전치사이다.
> 凭의 목적어는 주어가 갖고 있는 어떤 능력 등을 나타낸다. 또한 根据와는 달리 '의존하다', '의지하다'라는 의미가 있으며 着와 결합할 수 있다.

(4) 由于 vs 因为

❶ 他的学习成绩一直很好，_____ 他是一个特别用功的学生。

❷ 不要 _____ 这样的小事而烦恼，我们聊聊。

❸ _____ 年纪大了，身体又不好，因而他决定提前退休。

❹ _____ 老师和同学的帮助，小张的英语水平提高得非常快。

> TIP 由于는 주로 문어에서 사용하며, 因此, 因而 등과 함께 사용할 수 있다.
> 因为는 구어와 문어에서 모두 사용하며, 복문의 두 번째 절에서 사용할 수 있다.

4 밑줄 친 부분에 해당하는 알맞은 실면을 찾으세요.

① 非常欢迎与我探讨这些严肃的问题，否则非诚勿扰。

    a. 不要忧愁   b. 没有诚意不要打扰   c. 欢迎打扰

② 她和男朋友在一起10年了，今年终于要谈婚论嫁了。

    a. 谈恋爱   b. 谈论有关结婚的事情   c. 讨论恋爱结婚的意义

③ 现代人的生活节奏很快，其中一个令人担忧的问题是家人很少一起吃晚饭。

    a. 让人担心、忧虑   b. 让人觉得没有意思   c. 令人难过

④ 年轻人找对象的时候千万不要以貌取人。

    a. 觉得外貌不重要   b. 娶个漂亮的妻子   c. 根据人的外貌判断一个人

⑤ 马云在美国演讲时语惊四座。

    a. 语言令人害怕   b. 说的话让人吃惊   c. 惊动了在座的四位客人

⑥ 两人相亲，一见面就看对眼了。

    a. 看上对方   b. 两眼对视   c. 直视对方

⑦ 很多人认为现在这个社会就是拼爹，学得好不如有个好爸爸。

    a. 照顾爸爸

    b. 比拼谁的爸爸更有钱有能力

    c. 打爸爸

5 보기에서 알맞은 표현을 골라 문장을 완성하세요.

보기	a. 以…方式	b. 宁愿…也不…	c. 即	d. 不由得
	e. 只是…而已	f. 仅仅	g. 而	h. 令

❶ 做事的时候我喜欢听音乐，_____ 想让自己放松一下 _____ 。

❷ _____ 人惊讶的是，数学课被学生选为最喜欢的科目。

❸ 他 _____ 同样的 _____ 再次取得成功。

❹ 我 _____ 不吃早饭 _____ 想让自己上课迟到。

❺ MBA，_____ 工商管理硕士，在中国很受欢迎。

❻ 看到这张照片，我 _____ 想起了那年的暑假。

❼ 爸爸给他的零花钱，_____ 一个月他就花光了。

❽ 这是一个美丽 _____ 安静的小村子。

6 한국어로 번역하세요.

① 这不仅仅是这些登上《非诚勿扰》节目的男女嘉宾的问题，它反映的是在浮躁喧哗的今天，"以貌取人"已成为现代很多青年男女的普遍倾向。

_____

_____

_____

② 这反映了现代青年婚恋观中很现实的一面，即金钱等物质因素为恋爱婚姻的基本条件，有房有车才能谈婚论嫁。

_____

_____

_____

7 중국어로 작문해 보세요.

- 본 과에서 학습한 단어와 문형 표현을 사용하여 제시된 주제에 맞게 200~300자 정도 분량으로 작문하세요.

《非诚勿扰》这一电视征婚节目反映了什么样的恋爱婚姻观？你同意这种观点吗？在婚恋问题上，现在的韩国年轻人一般有什么样的想法？

2 职场上的 "90后"

1 단어의 의미를 쓰세요.

1 官场 _____   2 加强 _____

3 维护 _____   4 偿还 _____

5 展开 _____   6 择偶 _____

7 增多 _____   8 注意 _____

9 强健 _____

2 서로 관계 있는 것끼리 연결하세요.

1 采访 ●   ● a. 新产品

2 举办 ●   ● b. 两国的关系

3 维系 ●   ● c. 阿里巴巴网络公司

4 研发 ●   ● d. 招聘会

5 创立 ●   ● e. 新闻

6 赔偿 ●   ● f. 别人的利益

7 损害 ●   ● g. 损失

8 发布 ●   ● h. 公司的管理人员

3 두 단어의 쓰임새를 구분하여 빈칸을 채우세요.

(1) 赔偿 vs 赔

❶ _____ 钱；_____ 经济损失

❷ _____ 款；_____ 精神损失

❸ _____ 不是

〈TIP〉 赔偿은 일반적으로 더 추상적인 개념이며 문어에 많이 쓰인다.
　　　 赔는 좀 더 구체적인 개념으로 구어에 많이 쓰인다.

(2) 新颖 vs 新

❶ 这件衣服还没有穿过，是 _____ 的。

❷ 那本 _____ 书的内容很 _____ 。

❸ 这个音乐厅的设计时尚、_____ 。

❹ 她刚学了一首 _____ 歌，很好听。

〈TIP〉 新颖은 일반적으로 더 추상적인 개념이며 문어에 많이 쓰인다. '참신한', '새롭고 독특한'의 의미이다.
　　　 新은 좀 더 구체적인 개념으로 구어에 많이 쓰이며, '새로운'이라는 의미를 나타낸다.

(3) 足够 vs 够

① 他对自己的错误已经有了 ____ ____ 的认识。

② 这点儿钱不 _____ 。

③ 开办一个公司需要有 ____ ____ 的资金。

④ 天天吃快餐，我可吃 _____ 了！

⑤ 他还不能上学，因为年龄不 _____ 。

> TIP 足够는 일반적으로 추상적인 개념으로 문어에 많이 쓰인다. '충분한' 또는 '만족스러운'이라는 뜻이다.
> 够는 좀 더 구체적인 개념으로 구어에 많이 쓰인다. '충분한', '싫증나다', '어떤 기준에 도달하거나 어떤
> 조건을 만족시키는'라는 의미를 나타낸다.

(4) 冷落 vs 冷

① 很多加拿大人冬天住到美国的佛罗里达洲去，因为加拿大的冬天太
_____ 了。

② 妈妈让小明赶快招待大家喝茶吃点心，不要 _____ 了客人。

③ 大家说说笑笑的，气氛很好。只有他觉得受了 _____ 。

④ 天气预报说，这几天有 _____ 空气来袭，温度会下降到零下。

> TIP 冷落는 추상적인 개념으로 문어에 많이 쓰인다. '쓸쓸한' 또는 '냉대하다'라는 의미이다.
> 冷은 좀 더 구체적인 개념으로 구어에 많이 쓰인다. '추운', '차가운'이라는 의미이다.

4 밑줄 친 부분에 해당하는 알맞은 설명을 찾으세요.

❶ 北京是中国人口最多的城市，现在已经<u>人满为患</u>。

    a. 人多得成问题了

    b. 人少得可怜

    c. 人口适中，不多不少

❷ 他父亲做官时家中宾客很多，辞官以后就<u>门庭冷落</u>了。

    a. 宾客很多

    b. 宾客很少

    c. 宾客不多不少

❸ 这对夫妻在教育孩子的问题上常常<u>意见相左</u>。

    a. 意见相同

    b. 意见相近

    c. 意见不同

❹ 他觉得老板给他的工资太低，<u>一气之下</u>就把工作辞了。

    a. 因为太生气

    b. 因为太着急

    c. 因为一时疏忽

❺ 他因为<u>一时疏忽</u>竟造成了重大损失。

    a. 经常不小心

    b. 偶然的粗心大意

    c. 过分的小心谨慎

보기에서 알맞은 표현을 골라 문장을 완성하세요

보기	a. 乃至	b. 以	c. 于	d. 根本
	e. 倒(是)	f. 尽管	g. 被	

❶ 妈妈说了他很多次，可是他 _____ 不听。

❷ 在互联网时代，人们 _____ 什么方式互相联系?

❸ 小张工作十多年了，一直致力 _____ 电脑软件的开发。

❹ 冰箱里的水果都 _____ 小王的同屋吃了。

❺ 她都六十多岁了，可身体 _____ 比年轻人还好!

❻ _____ 去过北京几次，但是她都没有机会去长城看看。

❼ 学好一门外语需要几年 _____ 十几年的坚持和努力。

6 한국어로 번역하세요.

① 包括软件、动漫、通信、机械、机电、制造、光电子等各行业在内的上千个
岗位向求职者争递橄榄枝。

_____

_____

_____

② 和70后、80后选择工作要求稳定、福利齐全的择业观念不同，90后找工作时，
已经时刻准备着"跳槽"换工作。

_____

_____

_____

7 중국어로 작문해 보세요.

■ 본 과에서 학습한 단어와 문형 표현을 사용하여 제시된 주제에 맞게 200~300자 징루 분량으로 작문하세요.

在韩国90后的大学毕业生在就业方面有什么特点?

华裔虎妈教女严　中西争论起"硝烟"

중국계 '타이거 마더'의 엄격한 자녀 교육, 중서 간 논쟁의 '방아쇠'를 당기다

1 단어의 의미를 쓰세요.

❶ 实行 ＿＿＿＿＿＿＿＿＿　❷ 制定 ＿＿＿＿＿＿＿＿＿

❸ 叙述 ＿＿＿＿＿＿＿＿＿　❹ 引出 ＿＿＿＿＿＿＿＿＿

❺ 听从 ＿＿＿＿＿＿＿＿＿　❻ 私自 ＿＿＿＿＿＿＿＿＿

❼ 关心 ＿＿＿＿＿＿＿＿＿　❽ 强加 ＿＿＿＿＿＿＿＿＿

❾ 督办 ＿＿＿＿＿＿＿＿＿

2 서로 관계 있는 것끼리 연결하세요.

❶ 尊重　•　　　　　　•　a. 工作

❷ 扮演　•　　　　　　•　b. 同事

❸ 申请　•　　　　　　•　c. 计划生育政策

❹ 顾及　•　　　　　　•　d. "自立更生" 的理念

❺ 监督　•　　　　　　•　e. 重要的角色

❻ 奉行　•　　　　　　•　f. 孩子的学习

❼ 培养　•　　　　　　•　g. 别人的感受

❽ 秉持　•　　　　　　•　h. 年轻一代

3 두 단어의 쓰임새를 구문하여 빈칸을 채우세요.

(1) 畏惧 vs 怕

❶ 我很 _____ 热。

❷ 我们不能 _____ 困难和问题。

❸ 他什么都不 _____ 。

❹ 严格管教孩子并不是让他们有 _____ 心理。

> TIP 畏惧는 일반적으로 추상적인 의미에서 사용하며 문어에 많이 쓰인다. '두려워하다'라는 의미이다.
> 怕는 더 구체적인 의미에서 사용하며 구어에 많이 쓰인다. '걱정이 되다', '~일지도 모른다'라는 뜻이다.

(2) 枯燥 vs 枯

❶ 那是一个 _____ 井，已经没有水了。

❷ 那个老师上课很 _____ ，学生不太喜欢。

❸ 那棵树已经 _____ 死了。

❹ 他今天的讲座很 _____ 无味，我听着听着就睡着了。

> TIP 枯燥는 일반적으로 추상적인 의미에서 사용하며 문어에 많이 쓰인다. '건조한', '재미없는'이라는 뜻이다.
> 枯는 더 구체적인 의미에서 사용하며, 구어에 많이 쓰인다. '식물이나 꽃이 시들다' 혹은 '우물이나 강 등이 마르다'라는 의미를 나타낸다.

(3) 扮演 vs 演

❶ 他很喜欢 _____ 戏。

❷ 那个女演员 _____ 过很多电影和电视剧。

❸ 俄罗斯在全球政治中 _____ 着重要角色。

❹ 像脸书、微信这样的社交媒体目前在人们生活中 _____ 着不可缺少的角色。

> TIP 扮演은 일반적으로 추상적인 의미에서 사용하며 문어에서 많이 쓰인다. '역을 맡다', '출연하다', '분장하다', '분하다', '맡다'라는 의미를 나타낸다.
> 演은 더 구체적인 의미에서 사용하며 구어에서 많이 쓰인다. '공연하다', '발전하다', '발달하다', '진화하다' 등의 의미를 나타낸다.

4 밑줄 친 부분에 해당하는 알맞은 설명을 찾으세요.

① 家长要从小培养孩子独立生活的能力，不能事事越俎代庖。

    a. 家长跟孩子一起做

    b. 让孩子自己做

    c. 替孩子做

② 尊重父母并不意味着对父母的话唯命是从。

    a. 完全听从

    b. 完全不听从

    c. 根据情况决定是否听从

③ 他是一个喜欢随心所欲的人。

    a. 想好了才做

    b. 不想就做

    c. 想怎么做就怎么做

④ 那个公司老板的做法实在是有些不近人情。

    a. 太随心所欲

    b. 太苛刻

    c. 太宽容

⑤ 环境污染直接影响到了人们的日常生活和身体健康，不容忽视。

    a. 不能不重视

    b. 可以不重视

    c. 不必太重视

5 보기에서 알맞은 표현을 골라 문장을 완성하세요.

| 보기 | a. 到底 | b. 不论 | c. 只有 | d. 曾 | e. 仍然 |

❶ 我 _____ 在北京生活过十年。

❷ 你 _____ 想怎么办?

❸ 这个孩子别人的话都不听。_____ 老师说他,他才听。

❹ _____ 明天的天气好不好,我们都得去一趟纽约。

❺ 公司很多人都买了车,开车上班。可是他 _____ 坐公交车上下班。

❻ 附近的饭馆都很糟糕,_____ 这家做上海菜的饭馆还可以。

6 한국어로 번역하세요.

① 书的作者耶鲁大学法学教授蔡美儿在文中讲述了自己如何对两个女儿奉行"中国式严教"助其成才的经历。

_____

_____

_____

② 这篇文章所引发的中西方家庭教育的争论和冲突一时还不会消失。

_____

_____

_____

7 중국어로 작문해 보세요.

■ 본 과에서 학습한 단어와 문형 표현을 사용하여 제시된 주제에 맞게 200~300자 정도 분량으로 작문하세요.

美国家长在教育和培养孩子方面秉持什么样的理念？他们更注意孩子成长过程中的哪些方面？他们的育儿方法跟蔡美儿这样的家长有什么不同？

4 多元文化冲击 "圣诞节" 世俗化

다문화의 영향, 그리스마스의 세속화

1 단어의 의미를 쓰세요.

❶ 美化 _____ ❷ 余额 _____

❸ 苦味 _____ ❹ 商人 _____

❺ 亚裔 _____ ❻ 授予 _____

2 서로 관계 있는 것끼리 연결하세요.

❶ 赋予　　•　　　　　　　•　a. 传统

❷ 引发　　•　　　　　　　•　b. 权利

❸ 延续　　•　　　　　　　•　c. 火灾

❹ 导致　　•　　　　　　　•　d. 中国特色

❺ 伤害　　•　　　　　　　•　e. 婚姻破裂

❻ 体现　　•　　　　　　　•　f. 少数族裔的感情

❼ 抱怨　　•　　　　　　　•　g. 房间

❽ 装饰　　•　　　　　　　•　h. 功课太多

3 두 단어의 쓰임새를 구분하여 빈칸을 채우세요.

(1) 热门 vs 热

❶ 习近平主席访问美国是当前的一个 _____ 新闻。

❷ 今天天气真 _____ 。

❸ 电脑专业是一个 _____ 专业。

❹ 随着中国经济的发展，中文 _____ 已经遍及各个国家。

> TIP 热门은 '인기 있는', '유행하는'의 의미를 나타낸다.
> 热는 '뜨거운', '더운'이라는 뜻으로 좀 더 구체적인 의미에서 사용하며 구어에서 많이 쓰인다.

(2) 伤害 vs 害

❶ 夫妻常常吵架会 _____ 俩人的感情。

❷ 我们不能有 _____ 人之心。

❸ 据报道，那个电影明星昨天被 _____ 了。

❹ 老师在课堂严厉地训斥学生会 _____ 他们的自尊心。

> TIP 伤害는 주로 추상적인 의미에서 사용하며 문어에서 많이 쓰인다. '손상시키다', '해치다'의 의미이다.
> 害는 좀 더 구체적인 의미에서 사용하며 구어에서 많이 쓰인다. '죽이다', '해를 끼치다', '손해를 입히다'라는 의미를 나타낸다.

(3) 气氛 vs 气

① 晚会充满着友好的 _____ 。

② 房间里太闷，请打开窗户透透 _____ 。

③ 会议室里的 _____ 令我透不过 _____ 来。

④ 灯光不要太强，因为可以创造一种舒适的 _____ 。

> TIP 气氛은 일반적으로 추상적인 의미에서 사용하며 문어에서 많이 쓰인다. '분위기'라는 의미이다.
>   气는 좀 더 구체적인 의미에서 사용하며 구어에 많이 쓰인다. '공기', '호흡'이라는 의미이다.

4 밑줄 친 부분에 해당하는 알맞은 설명을 찾으세요.

❶ 毕业典礼上，女学生们一律穿着白裙子。

    a. 一个

    b. 全部

    c. 一些

❷ 教皇Pope Francis于周二下午抵达了这里，他受到了隆重的欢迎。

    a. 重要

    b. 冷落

    c. 盛大热烈

❸ 她很多年没回家乡了，对那儿的人和事的记忆已经模糊了。

    a. 不清楚

    b. 忘了

    c. 很清楚

❹ 在对美国进行国事访问前夕，国家主席习近平接受了美国《华尔街日报》的采访。

    a. 最近

    b. 之后

    c. 之前

보기	a. 随着	b. 然而	c. 基本上	d. 而
	e. 尚且	f. 如此	g. 不论	

❶ _____ 实验多么难，我都得继续做下去。

❷ 大家 _____ 同意她的看法。

❸ 项目在进行过程中遇到了很大的困难，_____ 他们并不灰心。

❹ 今天下了大雪，特别冷，可虽然 _____ ，还是有很多人在外面打雪仗。

❺ 大家都问："Robin Williams自己 _____ 不快乐，怎么给别人创造快乐呢？"

❻ _____ 生活水平的提高，人们越来越注意养生。

❼ 大家假期都出去玩儿了，_____ 我却得留在学校准备GRE考试。

6 한국어로 번역하세요.

① 欧美国家圣诞节的"圣味"是否变淡，则涉及各种价值观、族群、信仰者团体利益的交锋。

_____

_____

_____

② 对北京人进行的随机采访表明，许多人把它看作"圣诞老人日"。

_____

_____

_____

■ 본 과에서 학습한 나어와 뮤형 표현를 사용아어 세시핀 무세에 밎게 200~300지 깅도 분량으루 작무하세요.

在你的国家，在多元文化的冲击下，社会和文化方面有哪些改变？你对这些改变有什么看法？

_____

_____

_____

_____

_____

_____

_____

_____

_____

_____

_____

你是"低头族"吗?

당신은 '수그리족'입니까?

1 단어의 의미를 쓰세요.

① 新华网 _____ ② 加时 _____

③ 微小 _____ ④ 短信 _____

⑤ 获利 _____ ⑥ 负面 _____

⑦ 危机感 _____ ⑧ 旅游热 _____

⑨ 商业圈 _____ ⑩ 多动症 _____

2 서로 관계 있는 것끼리 연결하세요.

① 分享 •　　　　　　• a. 时空的限制

② 欣赏 •　　　　　　• b. 别人的存在

③ 干扰 •　　　　　　• c. 成功的快乐

④ 漠视 •　　　　　　• d. 网络游戏

⑤ 沉迷 •　　　　　　• e. 那位钢琴家的才华

⑥ 获取 •　　　　　　• f. 室友的学习

⑦ 跨越 •　　　　　　• g. 大家的信任

3 두 단어의 쓰임새를 구분하여 빈칸을 채우세요.

(1) 跨越 vs 跨

❶ _____ 时空；___ ___ 过那座山

❷ _____ 国度；_____ 过那条小河

❸ _____ 重重障碍

> (TIP) 跨越는 일반적으로 추상적인 의미에서 사용하며 문어에서 많이 쓰인다.
> 跨는 좀 더 구체적인 의미에서 사용하며 구어에서 많이 쓰인다.

(2) 沉迷 vs 迷

❶ _____ 于物质享受；_____ 上了京剧

❷ _____ 于赞美的言词；_____ 上了足球

❸ _____ 于幻想；_____ 上了音乐

> (TIP) 沉迷는 일반적으로 추상적인 의미에서 사용하며 문어에서 많이 쓰인다.
> 迷는 좀 더 구체적인 의미에서 사용하며 구어에서 많이 쓰인다.

(3) 解脱 vs 脱

❶ _____ 思想负担；_____ 衣服

❷ _____ 鞋；_____ 负罪感

❸ _____ 病痛；_____ 裙子

> (TIP) 解脱는 일반적으로 추상적인 의미에서 사용하며 문어에서 많이 쓰인다.
> 脱는 좀 더 구체적인 의미에서 사용하며 구어에서 많이 쓰인다.

4 밑줄 친 부분에 해당하는 알맞은 설명을 찾으세요.

① <u>毋庸置疑</u>，北京是中国人口最多的城市。

    a. 值得怀疑　　　　b. 没有疑问　　　　c. 可以提问

② 别人并没有称赞他，他只是<u>自我欣赏</u>而已。

    a. 人人都欣赏　　　　b. 无人欣赏　　　　c. 自己欣赏自己

③ 小王饿死了！一下课他就<u>迫不及待</u>地跑到餐厅去吃饭。

    a. 急忙　　　　b. 慢慢　　　　c. 不急不忙

④ 因为看电影而考不好试，那不是<u>得不偿失</u>了吗?!

    a. 有得有失　　　　b. 因小失大　　　　c. 因大失小

⑤ 如今电脑网络<u>每时每刻</u>在影响着我们的生活。

    a. 无时无刻都　　　　b. 时时刻刻不　　　　c. 无时无刻不

⑥ 在现代中国，重男轻女的思想仍然<u>无处不在</u>。

    a. 没有地方存在　　　　b. 哪儿都存在　　　　c. 哪儿都不存在

5 보기에서 알맞은 표현을 골라 문장을 완성하세요

보기	a. 以及	b. 而	c. 甚至	d. 从而
	e. 其	f. 并且	g. 进行	

❶ 北京的雾霾很严重，＿＿＿＿＿＿对人民生活的负面影响是显而易见的。

❷ 你知道他们两个是因为什么＿＿＿＿＿离婚的吗?

❸ 中国政府20世纪70年代推行了计划生育的政策，＿＿＿＿＿控制了人口的增长。

❹ 北京、上海，＿＿＿＿＿天津等大城市都通了高铁。

❺ 高铁又快又舒服，＿＿＿＿＿不受天气的影响，大家现在都很喜欢坐高铁出行。

❻ 在课上我们对美国枪击案频发的问题＿＿＿＿＿了讨论。

❼ 他来了美国几年，哪儿都没去过，＿＿＿＿＿连纽约都没去过。

6 한국어로 번역하세요.

① 人们用"低头族"来形容那些只顾低头看手机而冷落面前亲友的人。

② 中国互联网信息中心最新的《中国互联网络发展状况统计报告》显示，中国的智能手机使用比例达到了人口总数的66%。

■ 본 과에서 학습한 단어와 문형 표현을 사용해서 제시된 주제에 맞게 200~300자 정도 분
량으로 작문하세요.

请你谈谈你对"低头族"现象的看法。你觉得自己是"低头族"吗?
在你身边有"低头族"吗?你同意课文中对"低头族"的批评吗?

6 女性维权非小事 社会关注人人知

여성의 권익 보호, 사소한 일이 아니라 사회가 관심을 기울이고 모두가 알고 있어야 할 문제

1 단어의 의미를 쓰세요.

1 侮辱 _____ 2 严重 _____

3 称谓 _____ 4 唤出 _____

5 褒奖 _____ 6 逐渐 _____

7 爱护 _____ 8 自称 _____

9 逐年 _____

2 서로 관계 있는 것끼리 연결하세요.

1 塑造 •   • a. 大众的注意

2 唤起 •   • b. 电视节目

3 强化 •   • c. 一个新的人物

4 隐含 •   • d. 妇女的权益

5 审理 •   • e. 别的意思

6 主持 •   • f. 听力的训练

7 捍卫 •   • g. 全家人的生活

8 负担 •   • h. 一起杀人案

5 두 단어의 쓰임새를 구분하여 빈칸을 채우세요.

(1) 塑造 vs 造

① 这个房子是新 _____ 的。

② 老师让学生用刚学的生词 _____ 句子。

③ 他是演员，在银幕上 _____ 了各式各样的人物。

④ 敦煌石窟中的壁画 _____ 了很多佛教的人物和形象。

> TIP 塑造는 주로 추상적인 의미에서 사용하며 문어에 많이 쓰인다. '형체를 만들다', '주조하다'라는 뜻이다.
> 造는 보다 구체적인 의미로 사용하는 경우가 많으며 구어에서 많이 쓰이고, '만들다', '짓다', '제작하다'의
> 의미를 나타낸다.

(2) 解读 vs 读

① 他这个星期 _____ 了三本小说。

② 大多数人不赞同他这种对经济形势的 _____ 。

③ 你是怎么 _____ 中国的 "全面开放二胎" 政策的?

④ 这篇文章我 _____ 了两遍还没 _____ 懂。

> TIP 解读는 주로 추상적인 의미에서 사용하며 문어에 많이 쓰인다. '읽다, 해석하다, 설명하다'라는 의미이다.
> 读는 보다 구체적인 의미로 사용하며 구어에 많이 쓰인다. '읽다'라는 의미이다.

(3) 询问 vs 问

❶ 你有问题可以在上课的时候 ＿＿＿＿＿＿ 老师。

❷ 小明明年要上大学了，妈妈跟他一起走访了几所大学，＿＿＿＿＿＿ 了很多方面的情况。

❸ 我们想暑假去法国旅游，就跟去过法国的朋友 ＿＿＿＿＿＿ 了许多交通、酒店方面的情况。

❹ 你想出国留学吗？那得先 ＿＿＿＿＿＿ 你父母同意不同意。 ＊ 동사중첩형 사용

> TIP 询问은 주로 추상적인 의미로 사용하며 문어에 많이 쓰인다. '문의하다, 질문하다'의 의미를 나타낸다.
> 问은 보다 구체적인 의미로 사용하며 구어에 많이 쓰인다. '묻다'의 의미를 나타낸다.

4 밑줄 친 부분에 해당하는 알맞은 설명을 찾으세요.

① 不就是一次考试没考好吗？没有必要<u>小题大作</u>。

    a. 因小失大

    b. 大事化小

    c. 把小事说成大事

② 小王的男朋友有一次约会迟到了，小王到现在还<u>耿耿于怀</u>。

    a. 记不清楚了

    b. 念念不忘

    c. 忘得一干二净了

③ 吸烟在很多公共场合是禁止的，但是吸烟者还<u>大有人在</u>。

    a. 为数不少

    b. 为数甚少

    c. 为数不多

④ 上海是个国际化的大城市。在上海，英文的路标和商家品牌<u>随处可见</u>。

    a. 无处可见

    b. 何处可见

    c. 到处可见

⑤ 这个城市的服务行业非常好，包括交通、餐饮、医疗、旅游等，<u>举不胜举</u>。

    a. 可以举出的例子很多

    b. 没有什么例子可以举出

    c. 可以举出的例子很少

5 보기에서 알맞은 표현을 골라 문장을 완성하세요.

| 보기 | a. 就 | b. 通过 | c. 即使 | d. 受到 | e. 至于 |

❶ 大家 _____ 中国经济发展的问题展开了讨论。

❷ 我不同意这种做法。_____ 他怎么看这件事，我也不清楚。

❸ 小张的英文原来很差，但是 _____ 几年的努力，他的英文有了很大的进步。

❹ 最近空气污染的问题 _____ 了很多人的关注。

❺ 这件事太重要了！_____ 你不说，我也会把它办好。

❶ 山西籍女大学生曹菊(化名)因在应聘中遭性别限制，起诉招聘单位北京巨人环球教育科技有限公司一案，在北京市海淀区人民法院开庭审理。

❷ 这是在《就业促进法》发布并生效五年后，首例以"维护女性合法权益"为由向法院提起的诉讼。

7 중국어로 작문해 보세요.

■ 본 과에서 학습한 단어와 문형 표현을 사용하여 제시된 주제에 맞게 200~300자 정도 분량으로 작문하세요.

你的国家存在哪些性别歧视的现象？请举例说明。你觉得我们应该怎样做才能维护女性的权益，进一步实现男女平等？

北京与伦敦：雾都治霾浅议

베이징과 런던: 스모그 도시의 스모그 관리에 대한 논의

1 단어의 의미를 쓰세요.

① 污染物 _____   ② 能源 _____

③ 超自然 _____   ④ 超产 _____

⑤ 艺术性 _____

2 서로 관계 있는 것끼리 연결하세요.

① 受到 •   • a. 袭击

② 造成 •   • b. 水平

③ 达到 •   • c. 措施

④ 采取 •   • d. 危害

⑤ 治理 •   • e. 质量

⑥ 改善 •   • f. 经验

⑦ 借鉴 •   • g. 合作

⑧ 防止 •   • h. 数量

⑨ 减少 •   • i. 污染

⑩ 加强 •   • j. 雾霾

3 두 단어의 쓰임새를 구분하여 빈칸을 채우세요.

(1) 持续 vs 继续

❶ 无论这个工程多难多复杂，我们一定要把它 _____ 做下去。

❷ 为了保证经济的可 _____ 发展，我们必须大力搞好科研开发，同时加大环境保护的力度。

❸ 暴风雪 _____ 了三天三夜。

❹ 新经理 _____ 以前的做法，鼓励员工们努力工作，让公司不断成长。

> TIP　두 어휘 모두 '계속하다', '지속하다'라는 의미를 나타낸다.
> 持续는 문어 표현으로 보다 객관적이며 사람에 의해 통제되지 않는 지속을 의미한다. 뒤에 목적어를 수반할 수 있다.
> 继续는 구어 표현으로 주관적인 상황을 강조하고 의지로써 지속한다는 뜻이다. 뒤에 목적어를 수반할수 없다.

(2) 死 vs 死亡

❶ 她的小狗 _____ 了，她特别伤心。

❷ 奶奶已经 _____ 了好多年了，至今我还时常想起她。

❸ 这次地震发生在人口密集的城市，上万人 _____ 。

❹ 这次车祸造成了七人 _____ 。

> TIP　死는 비교적 구체적인 의미로 사용하며 구어에서 많이 쓰인다. '죽다', '사망하다'의 의미를 나타낸다.
> 死亡은 비교적 추상적인 의미에서 사용하며 문어에 많이 쓰인다. '죽다', '사망하다', '돌아가시다'의 의미를 나타낸다.

4 밑줄 친 부분에 해당하는 알맞은 설명을 찾으세요.

① 她打扮时髦，走在街上非常<u>令人注目</u>。

    a. 引起别人注意

    b. 看了很久

    c. 不太好

② 家里的气氛太<u>令人压抑</u>了，我出来走走。

    a. 太热烈

    b. 太沉闷

    c. 太轻松

③ 我不敢直视她，她的美真是<u>令人窒息</u>。

    a. 让人生气

    b. 让人想休息

    c. 让人喘不过气来

④ 关于选举的广告真是<u>铺天盖地</u>，我不知道谁说的是真的。

    a. 数量多，声势大

    b. 数量少，声势小

    c. 特别少

5 보기에서 알맞은 표현을 골라 문장을 완성하세요.

보기	a. 与……有关	b. 称……为	c. 之	d. 使
	e. 虽然……却	f. 大大	g. 则	

❶ 这些工厂搬到郊区以后，城里的空气质量 ＿＿＿＿＿＿ 改善了。

❷ 得肺癌的人越来越多，这一状况 ＿＿＿＿＿ 空气污染 ＿＿＿＿＿ 。

❸ 这样的考试成绩 ＿＿＿＿＿ 他的父母极为失望。

❹ 地震过去了，但是随 ＿＿＿＿＿ 而来的安静令人窒息。

❺ 他的儿子不太喜欢学习，对玩游戏 ＿＿＿＿＿ 兴趣十足。

❻ ＿＿＿＿＿ 政府采取了很多措施保护环境，效果 ＿＿＿＿＿ 不太理想。

❼ 我们把一切在网上进行的商业活动 ＿＿＿＿＿ 之 ＿＿＿＿＿ 电子商务。

6

한국어로 번역하세요

① 北京及周边地区人口众多、工业密集，煤炭又是主要能源，再加上斤陵环绕的地形，造成了北京空气污染在一年中的某些时期达到或超过危险水平。

_____

_____

_____

② 从1956年开始，伦敦出台了一系列防止和控制空气污染的法案和措施：限制工业废气排放，减少烟尘和有毒颗粒物；发展公共交通，缩减机动车数量。

_____

_____

_____

③ 各地区、各个国家需要加强合作，互相学习，采取适当有效的措施，减少污染物的排放，发展和使用清洁能源，那样让雾霾永远散去才有希望。

_____

_____

_____

7 중국어로 작문해 보세요.

■ 본 과에서 학습한 단어와 문형 표현을 사용하여 제시된 주제에 맞게 200~300자 정도 분
량으로 작문하세요.

北京和伦敦的雾霾是什么原因造成的? 两地各自采取了什么样的措施治理
雾霾? 你对治理雾霾有什么看法?

8 美国校园为何枪击案频发

미국 캠퍼스, 왜 총기 난사 사건이 빈발하나

1 단어의 의미를 쓰세요.

① 自杀案 _____ ② 电脑化 _____

③ 再生性 _____ ④ 仇视 _____

⑤ 参赛者 _____ ⑥ 文学性 _____

⑦ 理解力 _____ ⑧ 自发式 _____

⑨ 寄予 _____ ⑩ 任满 _____

2 제시된 형태소를 이용하여 단어를 완성하세요.

① **族** 예) 低头族 _____族 _____族

② **热** 예) 微信热 _____热 _____热

③ **感** 예) 亲密感 _____感 _____感

④ **圈** 예) 社交圈 _____圈 _____圈

⑤ **症** 예) 强迫症 _____症 _____症

⑥ **源** 예) 污染源 _____源 _____源

⑦ **性** 예) 危害性 _____性 _____性

⑧ **案** 예) 枪击案 _____案 _____案

3 두 단어의 쓰임새를 구분하여 빈칸을 채우세요.

(1) 缺乏 vs 缺

① _____ 资源　　　　　_____ 水　　　　　_____ 人

② _____ 钱　　　　　　_____ 资金　　　　_____ 成就感

③ _____ 研究　　　　　_____ 电　　　　　_____ 经验

④ _____ 老师

〈TIP〉 缺乏는 주로 추상적인 의미로 사용하며 문어에 많이 쓰인다.
缺는 좀 더 구체적인 의미로 사용하며 구어에 많이 쓰인다.

(2) 暴露 vs 露

① 中国的经济发展太快，近几年 _____ 出了不少问题。

② 她打开手包，_____ 出了里边的化妆品。

③ 鲁迅的作品 _____ 了中国社会的黑暗。

④ 这件衣服很透明，_____ 出了内衣的颜色。

〈TIP〉 暴露는 주로 추상적인 의미로 사용하며 문어에 많이 쓰인다.
露는 좀 더 구체적인 의미로 사용하며 구어에 많이 쓰인다.

(3) 上演 vs 演

① 这个政府最近 _____ 了一幕政治丑剧。

② 他戏 _____ 得很好。

③ 这部新电影六月会在北京和上海等大城市 _____ 。

④ 学校今天晚上 _____ 什么电影?

TIP　上演는 주로 추상적인 의미로 사용하며 문어에 많이 쓰인다.
　　　演는 좀 더 구체적인 의미로 사용하며 구어에 많이 쓰인다.

(4) 携手 vs 拉着手

① 我们要 _____ 合作,共同建立一个和谐公平的社会。

② 他们 _____ 一起去散步。

③ 世界和平需要各个国家 _____ 共同维护。

④ 让我们 _____ 并肩,创造一个美好的未来。

⑤ 这两个年轻人在公园里 _____ 又唱又跳。

TIP　携手는 주로 추상적인 의미로 사용하며 문어에 많이 쓰인다.
　　　拉着手는 좀 더 구체적인 의미로 사용하며 구어에 많이 쓰인다.

(5) 松懈 vs 松

❶ 那个孩子的鞋带 ＿＿＿＿＿＿ 了，妈妈帮他系了一下。

❷ 由于纪律 ＿＿＿＿＿＿ ，这个学校的学生出了不少问题。

❸ 枪支管理 ＿＿＿＿＿＿ 使得枪击案频发。

❹ 面对困难不能意志 ＿＿＿＿＿＿ 。

❺ 她最近瘦了不少，裤子都 ＿＿＿＿＿＿ 了。

> TIP 松懈는 주로 추상적인 의미로 사용하며 문어에 많이 쓰인다.
> 松는 좀 더 구체적인 의미로 사용하며 구어에 많이 쓰인다.

밑줄 친 부분에 해당하는 알맞은 설명을 찾으세요.

① 这个中学推行人手一球的体育运动计划，希望提高孩子们的身体素质。

    a. 人人都有　　　　　　b. 随身携带　　　　　　c. 手中拿着

② 这个会已经开了四个小时了，大家对明年的工作计划一直争论不休。

    a. 不明白　　　　　　　b. 不休息　　　　　　　c. 不停

③ 网上关于这个演员的花边新闻层出不穷。

    a. 不断出现　　　　　　b. 越来越少　　　　　　c. 到处都是

④ 政治动乱带来的社会问题比比皆是。

    a. 一年比一年多　　　　b. 不时常有　　　　　　c. 到处都是

⑤ 朋友之间互相影响，而这种影响常常是耳濡目染的。

    a. 密不可分　　　　　　b. 不知不觉　　　　　　c. 慢慢发生

⑥ 孩子的成长跟家庭教育密不可分。

    a. 关系十分紧密　　　　b. 关系非常亲密　　　　c. 无法分辨

5 보기에서 알맞은 표현을 골라 문장을 완성하세요.

보기	a. 其中	b. 加上	c. 加以	d. 据
	e. 为此	f. 为		

① _____ 天气预报说，明天会有大雨。

② 经验丰富 _____ 勤奋努力，他在公司提升得很快。

③ 她考上了清华大学，我们都 _____ 她高兴。

④ 加州新移民很多，_____ 不少是讲西班牙语的。

⑤ 她决定移民加拿大，_____ 她放弃了稳定的工作。

⑥ _____ 统计，中国现在的男女比例是严重失衡。

⑦ 病人死亡的原因不清楚，还要 _____ 分析。

⑧ 美国枪击案频发的原因很多，_____ 一个主要的原因是枪支管理太松懈。

⑨ 车多 _____ 人多，北京上下班的时间常常堵车。

⑩ 这个电脑软件带有中英文的说明书，对使用方法 _____ 说明。

🅑 한국어로 번역하세요.

❶ 由于美国国会对于是否制定严格的枪支管理法案争论不休，枪支泛滥的问题始终得不到解决。

❷ 这对于是非分辨力还不太强的孩子来说，会有很强的蛊惑作用。

7 중국어로 작문해 보세요.

■ 본 과에서 학습한 단어와 문형 표현을 사용하여 제시된 주제에 맞게 200~300자 정도 분량으로 작문하세요.

作为一名学生，你对美国校园枪击案频发的现象怎么看？在你看来，怎么做才可以尽量避免枪击惨剧的发生？

_____

_____

_____

_____

_____

_____

_____

_____

_____

_____

_____

_____

1 看《非诚勿扰》知现代婚恋观

1 ① 가치관　　　　　② 중식　　　　　③ 가시도　　　　　④ 이혼율
　　⑤ 초고속 만남, 번개팅　⑥ 시험 삼아 사용하다

2 ① e　　② d　　③ f　　④ a　　⑤ c　　⑥ b　　⑦ h　　⑧ g

3 (1) ① 有　　　　② 具有　　　　③ 具有　　　　④ 有
　　(2) ① 近　　　　② 差不多　　　③ 差不多　　　④ 近
　　(3) ① 根据　　　② 凭　　　　③ 凭　　　　④ 根据
　　(4) ① 因为　　　② 因为　　　③ 由于　　　④ 由于

4 ① b　　② b　　③ a　　④ c　　⑤ b　　⑥ a　　⑦ b

5 ① e　　② h　　③ a　　④ b　　⑤ c　　⑥ d　　⑦ f　　⑧ g

6 ① 이는 단지 〈두근두근 스위치〉라는 프로그램에 출연한 남녀 출연자들만의 문제는 아니다. 이것이 반영하는 것은 소란스럽고 경박하기 이를 데 없는 오늘날에 '외모로 사람을 판단하는 것'이 이미 현대의 수많은 청춘 남녀의 보편적인 경향이 되어버렸다는 것이다.

② 이것은 요즘 젊은이들의 연애결혼관 중 가장 현실적인 측면을 반영한다. 즉, 금전 등 물질적인 요소가 연애와 결혼의 기본 조건이 되어 집도 있고 차도 있어야 결혼을 논할 수 있게 되었다.

职场上的 "90后"

1
① 관료 사회 ② 강화하다 ③ 지키다, 보호하다 ④ 상환하다
⑤ 전개하다, 펼치다 ⑥ 배우자를 선택하나 ⑦ 증가하다, 낮아지다
⑧ 주의하다 ⑨ 강건하다

2 ① h ② d ③ b ④ a ⑤ c ⑥ g ⑦ f ⑧ e

3
(1) ① 赔　赔偿 ② 赔　赔偿 ③ 赔
(2) ① 新 ② 新　新颖 ③ 新颖 ④ 新
(3) ① 足够 ② 够 ③ 足够 ④ 够 ⑤ 够
(4) ① 冷 ② 冷落 ③ 冷落 ④ 冷

4 ① a ② b ③ c ④ a ⑤ b

5 ① d ② b ③ c ④ g ⑤ e ⑥ f ⑦ a

6 ① 여기에는 소프트웨어, 애니메이션, 통신, 기계, 기계 전력 설비, 제조, 광전자 등을 포함한 각 업종에서 수천 개 일자리가 구직자들을 향해 앞다투어 손을 내밀었다.

② 70년대와 80년대생이 직업을 선택할 때 주로 안정성과 복지를 따졌다면, 90년대생은 직업을 고를 때 언제든 직장을 옮길 준비를 하고 있다.

3 华裔虎妈教女严 中西争论起"硝烟"

1 ① 실행하다 　　② 제정하다 　　③ 서술하다 　　④ 끌어내다
　 ⑤ 따르다 　　⑥ 자기의 생각대로 　⑦ 관심을 가지다 　⑧ 강압하다
　 ⑨ 관리하다

2 ① b 　　② e 　　③ a 　　④ g 　　⑤ f 　　⑥ c 　　⑦ h 　　⑧ d

3 (1) ① 怕 　　② 畏惧 　　③ 怕 　　④ 畏惧
　 (2) ① 枯 　　② 枯燥 　　③ 枯 　　④ 枯燥
　 (3) ① 演 　　② 演 　　③ 扮演 　　④ 扮演

4 ① c 　　② a 　　③ c 　　④ b 　　⑤ a

5 ① d 　　② a 　　③ c 　　④ b 　　⑤ e 　　⑥ c

6 ① 책의 저자이자 예일대학 법학 교수인 에이미 추아는 글에서 '중국식의 엄격한 교육'을 통해 자신이 어떻게 두 딸을 인재로 만들었는지에 관한 경험을 이야기했다.

　 ② 이 글이 불러일으킨 중국과 서양 가정 교육에 대한 논쟁과 갈등은 일시에 사라지지 않을 것이다.

4 多元文化冲击 "圣诞节" 世俗化

1 ① 미화하다   ② 잔금, 잔고   ③ 쓴맛   ④ 상인
⑤ 아시아계   ⑩ 수여하다

2 ① b   ② c   ③ a   ④ e   ⑤ f   ⑥ d   ⑦ h   ⑧ g

3 (1) ① 热门   ② 热   ③ 热门   ④ 热
(2) ① 伤害   ② 害   ③ 害   ④ 伤害
(3) ① 气氛   ② 气   ③ 气氛 气   ④ 气氛

4 ① b   ② c   ③ a   ④ c

5 ① g   ② c   ③ b   ④ f   ⑤ e   ⑥ a   ⑦ d

6 ① 서구 사회에서 크리스마스의 '성스러운 느낌'이 옅어지는가의 여부는 각종 가치관, 종족, 종교 단체 이익의 투쟁과 관련된다.

② 베이징 사람들을 대상으로 한 무작위 인터뷰에서 크리스마스를 '산타의 날'로 보는 사람들이 많은 것으로 나타났다.

5 你是 "低头族" 吗?

1 ① 신화 웹사이트　　② 시간을 추가하다　　③ 미세하다　　④ 문자 메시지
　　⑤ 이익을 얻다　　⑥ 부정적인 면　　⑦ 위기감　　⑧ 여행 열풍
　　⑨ 상업계　　⑩ ADHD

2 ① c　　② e　　③ f　　④ b　　⑤ d　　⑥ g　　⑦ a

3 (1) ① 跨越　跨　　② 跨越　跨　　③ 跨越
　　(2) ① 沉迷　迷　　② 沉迷　迷　　③ 沉迷　迷
　　(3) ① 解脱　脱　　② 脱　解脱　　③ 解脱　脱

4 ① b　　② c　　③ a　　④ b　　⑤ c　　⑥ b

5 ① f　　② b　　③ d　　④ a　　⑤ f　　⑥ g　　⑦ c

6 ① 사람들은 '수그리족'이라는 말로 고개를 숙이고 휴대전화만 보면서 코앞에 앉아 있는 친구는 아랑곳하지 않는 사람을 형용한다.

② 중국 인터넷 정보 센터의 최신 〈중국의 인터넷 네트워크 발전 상황 통계 보고서〉를 살펴보면, 중국의 스마트폰 사용 비중이 전체 인구의 66%에 달한다.

⑥ 女性维权非小事　社会关注人人知

1　① 모욕하다　　　② 심각하다　　　③ ~로 일컫다　　　④ 불러내다
　　⑤ 표창, 장려　　⑥ 점차　　　　　⑦ 애호하다　　　⑧ <u>스스로 일컫다</u>
　　⑨ 해마다, 매년

2　① c　　② a　　③ f　　④ e　　⑤ h　　⑥ b　　⑦ d　　⑧ g

3　(1) ① 造　　　② 造　　　③ 塑造　　　④ 塑造
　　(2) ① 读　　　② 解读　　③ 解读　　④ 读
　　(3) ① 问　　　② 询问　　③ 询问　　④ 问问

4　① c　　② b　　③ a　　④ c　　⑤ a

5　① a　　② e　　③ b　　④ d　　⑤ c

6　① 산시성 출신 여대생 차오쥐(가명)가 채용 과정에서 성별 제한을 받아 채용 기관인 베이징 거인세계교육과학
　　유한공사를 고소한 사건이 베이징시 하이뎬구 인민법원에서 개정 심리되었다.

　　② 이것은 〈취업 촉진법〉이 발효된 지 5년 만에 '여성의 합법적 권익 보호'라는 이유로 법원에 제기한 첫 소송
　　이다.

7 北京与伦敦：雾都治霾浅议

1 ① 오염물　　② 에너지원　　③ 초자연　　④ 초과 생산하다　⑤ 예술성

2 ① a　　② d　　③ b　　④ c　　⑤ j　　⑥ e　　⑦ f　　⑧ i
　　⑨ h　　⑩ g

3 (1) ① 继续　　　　② 持续　　　　③ 持续　　　　④ 继续
　　(2) ① 死　　　　② 死　　　　③ 死亡　　　　④ 死亡

4 ① a　　② b　　③ c　　④ a

5 ① f　　② a　　③ d　　④ c　　⑤ g　　⑥ e　　⑦ b

6 ① 베이징 및 주변 지역은 인구가 많고 공업이 밀집되어 있으며 석탄이 주요 에너지원인 데다 구릉으로 둘러싸인 지형으로 인해 베이징의 공기 오염은 일 년 중 어느 시기에는 위험 수준에 도달하거나 초과하게 되었다.

② 1956년부터 런던은 산업 폐가스 배출을 제한하여 스모그와 유독성 미세먼지를 줄이는 한편, 대중교통을 발전시키고, 자동차 수를 감축하는 내용의 공기 오염 방지와 통제에 관한 일련의 법안과 조치를 내놓았다.

③ 각 지역과 국가가 협력을 강화하고, 서로 배우고, 적절하고 효과적인 조치를 취하여 오염 물질의 배출을 줄이고, 청정에너지를 개발하고 사용하면서 스모그가 영원히 걷히도록 해야 희망이 있다.

⑧ 美国校园为何枪击案频发

1 ① 자살 사건　② 전산화, 컴퓨터화　③ 새싱싱　④ 세세시하다
⑤ 경기 참가자　⑥ 분학성　⑦ 이해려　⑧ 자발적으로
⑨ 걸다, 두다　⑩ 임기가 다 차다

2 ① 工薪族　月光族　② 出国热　留学热　③ 归属感　成就感
④ 朋友圈　生活圈　⑤ 依赖症　综合症　⑥ 感染源　来源
⑦ 积极性　艺术性　⑧ 杀人案　纵火案

3 (1) ① 缺乏　缺　缺　② 缺　缺乏　缺乏　③ 缺乏　缺　缺乏　④ 缺
(2) ① 暴露　② 露　③ 暴露　④ 露
(3) ① 上演　② 演　③ 上演　④ 演
(4) ① 携手　② 拉着手　③ 携手　④ 携手　⑤ 拉着手
(5) ① 松　② 松懈　③ 松懈　④ 松懈　⑤ 松

4 ① a　② c　③ a　④ c　⑤ b　⑥ a

5 ① d　② b　③ f　④ a　⑤ e　⑥ d　⑦ c　⑧ a
⑨ b　⑩ c

6 ① 미국 국회에서는 엄격한 총기 관리 법안의 제정 여부에 대해 논쟁이 계속되고 있기 때문에 총기 범람 문제가
시종일관 해결되지 않고 있다.

② 이는 아직 옳고 그름을 분별하는 능력이 그다지 강하지 않은 아이들을 매우 강하게 현혹하는 작용을 한다.